D0568618

TOUS ...
POUR
LE COURS AVANCÉ

THIRD EDITION

TOUS LES POÈMES POUR LE COURS AVANCÉ

THIRD EDITION

With biographies, commentaries and questions by

André O. Hurtgen

St. Paul's School
Concord, N.H.

Longman

TOUS LES POÈMES: POUR LE COURS AVANCÉ, Third Edition

Longman, 10 Bank Street, White Plains, N.Y. 10606

Associated companies:
Longman Group Ltd., London
Longman Cheshire Pty., Melbourne
Longman Paul Pty., Auckland
Copp Clark Pitman, Toronto

ISBN 0-8013-0854-2

The blank pages in this volume have been purposely left so, in order that the *Commentaires* not face the text of the poems.

Permission to reprint the poems of Aimé Césaire, Anne Hébert and Léopold Sédar Senghor has been granted by Editions Du Seuil.

Permission to reprint the poems of Léon Damas has been granted by Présence Africaine.

Permission to reprint "La Fourmi" by Robert Desnos has been granted by Librairie Gründ Editions Alpine.

Permission to reprint "La Puissance de l'Espoir" by Paul Éluard has been granted by Editions Robert Laffont.

Permission to reprint "Liberté" by Paul Éluard has been granted by Editions De Minuit.

Permission to reprint the following poems has been granted by Editions Gallimard:

"The Thin Man," "Un Homme Paisible," "Mes Occupations," and "Clown" by Henri Michaux.

"Poème à la Mystérieuse," "Les Gorges froides" and "Demain" by Robert Desnos.

"Les Ombelles" by Paul Éluard.

"Feu et Cendres," "L'Allumette," and "Plat de Poissons frits" by Francis Ponge.

6 7 8 9 10-MA-99 98 97 96

TABLE DES MATIÈRES

(Les oeuvres marquées d'un astérisque sont incluses sur la liste des poèmes exigés pour l'examen AP de 1992 et 1993.)

TO THE TEACHER

This book contains all the poems on the required list for the 1992–1993 French Literature Advanced Placement examination. In addition there is also a selection of works by each of sixteen poets on the supplementary list. In all, this volume contains 102 poems, of which 61 are accompanied by notes and questions. Teachers will therefore be able to make their choices from the supplementary list without needing to acquire a large number of books, some of which—particularly those by twentieth century writers—are hard to find. Teachers should use the list selectively. As the "Acorn booklet" points out: "Extensive coverage of the supplementary list is neither advised nor possible."

Commentaries and questions are provided for all the poems on the required list, and for at least one of the works by each of the writers from the supplementary list. The rule of thumb I followed in preparing the *commentaire* was this: difficult or obscure points that required spade work on my part are presented as comments on the text. Simpler items that appear to be within the grasp of the average AP student are presented in question form. Neither comments nor questions are intended to be exhaustive. Rather, they are deliberately selective, leaving much room for expansion and development by the teacher.

There are also included biographical sketches for each author, a chapter on the principal rules of French versification, and a glossary of technical terms.

André Hurtgen

TO THE STUDENT

This book is intended to help you develop an appreciation for some of the most beautiful and exciting pieces written in the French language. Full understanding of a poem does not come from the mere reading of it. What a poem says, all the emotions or ideas it contains, can usually be grasped only with a considerable input of effort on the reader's part; the reader must become part of the creative process. I like to think of this as detective work. Here are the words, on the page. What secrets are hidden in those lines of print before me? I feel like a psychologist trying to probe another person's mind.

The analysis of a literary text—what the French call "Explication de Textes"—is, then, a challenging and exciting task of discovery. For any given poem, there is not ONE "explication", nor necessarily any CORRECT one. This will depend on the reader's perceptiveness. But our literary sensitivity can be developed by a methodical approach. Such a method is suggested below:

1. *READ THE POEM.* Read it—re-read it, slowly, attentively, and *aloud.* Look up all the words you do not understand.

2. *SITUATE THE POEM.* Try to "place" the poem in its literary and historical context. Ask yourself: who wrote it? what literary school does the author belong to? when was it written? what circumstances surround the writing of the piece?

3. *DETERMINE THE CONTENT.* Find the general concept or idea of the poem. Try defining it as briefly as you can.

4. *DETERMINE THE STRUCTURE.* It is frequently useful to divide a poem into sections; try to give a title to each section. (Note that "sections" do not necessarily correspond to stanzas!)

5. *ANALYZE THE FORM.* Study the words the poet uses, the grammatical constructions, the punctuation, the literary devices, etc. *Above all* try to link these aspects of "form" to the content of the piece. If the work is any good, there is, there has to be, a close relationship between content and "form", between what the poet is saying and the way he says it.

TOUS LES POÈMES
POUR
LE COURS AVANCÉ

THIRD EDITION

LA VERSIFICATION FRANÇAISE

Une bonne appréciation de la poésie française exige natu-
rellement la compréhension des règles de versification. Il est
important de noter que ces règles ne sont pas nécessairement les
mêmes qu'en anglais.

1. *LA MESURE*

A l'opposé de la langue anglaise, le français n'est pas une
langue accentuée. Il s'en suit que le vers français ne peut pas se
mesurer en pieds, mais doit se mesurer en syllabes.

Alors qu'en anglais l'accent est déterminé par le mot lui-
même, et que chaque mot a un accent *d'intensité* qui ne se déplace
jamais:

Ex.: sỳllable; stùdent; amèrican

en français, les mots n'ont pas d'accent d'intensité. Mais il y a en
français un accent *de longueur, de durée,* qui tombe toujours sur la
dernière syllabe d'un "groupe rythmique", c'est-à-dire d'un
ensemble de syllabes qui se prononcent d'un seul trait:

Ex.: Un étudiant.

Mais: Un étudiant américain.

Mais: Un étudiant américain est arrivé.

Dans la poésie française on ne compte pas les syllabes de la
même façon qu'en prose. Voici la règle pour le compte des syllabes
en poésie:

> On compte *toutes* les syllabes SAUF
> (a) les "e" muets suivis d'une voyelle ou d'un "h muet",
> (b) les syllabes muettes à la fin du vers.

Exemple 1: Demain, dès l'aub(e), à l'heur(e) où blanchit la
             1 2   3   4   5   6   7   8 9 10

campagn(e),
11 12   Je partirai. Vois-tu, je sais que tu m'attends.
              1 2 3 4   5   6 7 8 9 10 11 12

(Victor Hugo)

1

Remarques:
- (a) les "e" de "aube" et "heure" sont muets car ils sont suivis de voyelles.
- (b) le "e" de "campagne" est muet car il est à la fin du vers.
- (c) les "e" de "Je", "je" et "que" sont prononcés car ils ne sont pas suivis de voyelles.

Exemple 2: Vienne la nuit sonne l'heur(e)
    1 2 3 4 5 6   7
    Les jours s'en vont je demeur(e).
    1   2   3   4   5 6 7
                          (Guillaume Apollinaire)

Remarques:
- (a) les "e" de "vienne" et "sonne" sont prononcés car ils ne sont pas suivis de voyelles.
- (b) le "e" final de "heure" est muet car il est à la fin du vers.
- (c) les "e" de "je" et "demeure" sont prononcés car il ne sont pas suivis de voyelles.
- (d) le "e" final de "demeure" est muet car il est à la fin du vers.

2. LE RYTHME

Le rythme est déterminé par les syllabes accentuées qui sont suivies naturellement par des pauses (appelées "coupes" ou "césures"). L'accent tombe toujours sur la dernière syllabe du "groupe rythmique". Mais il est important de noter qu'en poésie les groupes rythmiques sont plus courts qu'en prose. Et puisque, par définition, chaque groupe rythmique a une syllabe accentuée, il y a souvent un accent sur un mot qui n'en aurait pas en prose.

Exemple:

En prose: Un étudiant américain est arrivé.

Mais en poésie: Un étudiant américain est arrivé.

Voici quelques exemples tirés des poèmes contenus dans le présent volume:

Exemple 1: Un pauvre bûcheron, / tout couvert de ramée. . .

(Jean de La Fontaine)

Exemple 2: Elle avait pris ce pli / dans son âge enfantin. . .

(Victor Hugo)

Exemple 3: La sotti / se, l'erreur, / le péché. / la lésine.

(Charles Baudelaire)

Exemple 4: Les pieds / dans les glaïeuls, / il dort. / Souriant / comme

Sourirait / un enfant malade, / il fait un somme.

(Arthur Rimbaud)

Exemple 5: Je marcherai / les yeux fixés / sur mes pensées.

(Victor Hugo)

Vous aurez remarqué que, dans les exemples qui précèdent, les vers comportent douze syllabes; ce sont des "alexandrins", les vers classiques et les plus utilisés de la poésie française. L'alexandrin a généralement une césure après la sixième syllabe (Exemples 1 et 2); mais la césure peut aussi se placer ailleurs (Exemples 3 et 4). Les poètes romantiques coupaient souvent l'alexandrin en trois parties (Exemple 5).

Pour apprendre à analyser le rythme d'un vers français il est important de bien lire à haute voix; il suffit alors d'indiquer les syllabes que l'on a accentuées dans la lecture.

3. *LA RIME*

En poésie française, la rime consiste en deux mots dans lesquels on prononce de la même façon *la voyelle finale* et *tous les éléments sonores qui la suivent.* (Noter que le "e" muet, "es" et "ent" ne comptent pas!)

Exemples: bras-déjà; endort-encore; allure-aventure

Selon la qualité de la rime on distingue les rimes "riches", "suffisantes" et "faibles":

RIMES RICHES: rimes basées sur l'identité de la voyelle finale et d'au moins *deux autres* éléments sonores.

Ex.: m<u>orne</u>-b<u>orne</u>: t<u>érre</u>-hérédi<u>taire</u>

RIMES SUFFISANTES: rimes basées sur l'identité de la voyelle finale et d'*un seul* autre élément sonore.

Ex.: m<u>ort</u>-s<u>ort</u>; aper<u>çu</u>-re<u>çu</u>.

RIMES FAIBLES: rimes basées sur l'identité de la voyelle finale *seulement*.

Ex.: sold<u>ats</u>-br<u>as</u>; surpr<u>is</u>-suiv<u>i</u>

Noter que si seule la voyelle prononcée rime, mais pas la consonne qui la précède ou qui la suit, il n'y a pas de vraie rime, mais une "assonance".

Exemple: avare-mage; lune-lutte

On distingue également les rimes "masculines" et les rimes "féminines":

RIMES MASCULINES: rimes qui ne se terminent pas par un "e" muet.

Ex.: moi-toi; surpris-suivi; bras-déjà

RIMES FÉMININES: rimes qui se terminent par un "e" muet.

Ex.: morn<u>e</u>-born<u>e</u>; terr<u>e</u>-héréditair<u>e</u>; pensé<u>e</u>-mêlé<u>e</u>

Un mot d'une rime masculine ne peut jamais rimer avec celui d'une rime féminine. Par exemple, "toi" ne peut pas rimer avec "soie"; "tout" ne peut pas rimer avec "boue".

4. *LE SCHÉMA DES RIMES*

La rime ne doit pas nécessairement se limiter à deux vers successifs. On distingue plusieurs façons d'organiser les rimes: les rimes "plates", les rimes "croisées" et les rimes "embrassées".

RIMES PLATES: rimes qui suivent le schéma a a b b, etc.

Ex.: Elle avait pris ce pli dans son âge enfant<u>in</u>   a
De venir dans ma chambre un peu chaque mat<u>in</u>; a
Je l'attendais ainsi qu'un rayon qu'on esp<u>ère</u>;   b
Elle entrait et disait: "Bonjour, mon petit p<u>ère</u>!" b
Prenait ma plume, ouvrait mes livres, s'asse<u>yait</u> c
Sur mon lit, dérangeait mes papiers, et r<u>iait</u>,   c
. . .

(Victor Hugo)

RIMES CROISÉES: rimes qui suivent le schéma a b a b.

Ex.: Maître Corbeau, sur un arbre perch<u>é</u>,   a
Tenait en son bec un from<u>age</u>.   b
Maître Renard, par l'odeur allé<u>ch</u>é,   a
Lui tint à peu près ce lang<u>age</u>:   b
. . .

(Jean de La Fontaine)

RIMES EMBRASSÉES: rimes qui suivent le schéma a b b a.

Ex.: La Nature est un temple où de vivants pil<u>iers</u>   a
Laissent parfois sortir de confuses par<u>oles</u>;   b
L'homme y passe à travers des forêts de symb<u>oles</u> b
Qui l'observent avec des regards famil<u>iers</u>.   a
. . .

(Charles Baudelaire)

PIERRE DE RONSARD
(1524 - 1585)

Ronsard est né près de Tours dans une vieille famille noble et cultivée. Il a passé presque toute son enfance dans l'atmosphère calme de la nature. A l'âge de douze ans il fut envoyé comme page à la cour de France, puis à la cour d'Ecosse. Lorsqu'il avait quinze ans une maladie le laissa à demi sourd et il fut forcé d'abandonner ses projets de carrière militaire ou diplomatique. Dès lors, il se consacra entièrement à l'étude des auteurs latins et grecs et à la littérature. Il publia en 1550 son premier recueil, *Odes,* dans lequel il démontra qu'un poète français pouvait rivaliser avec les grands auteurs de Rome et d'Athènes. En 1552 parut son recueil *Amours,* dédié à Cassandre Salviati, jeune fille noble dont il s'était épris. Suivirent plusieurs autres recueils qui célèbrent ses amours envers Marie Dupuis, puis Hélène De Surgères.

Il connut un grand succès et très tôt fut reconnu comme le chef d'une nouvelle école littéraire qui s'appelait la Pléiade (elle se composait de sept poètes, dont Joachim Du Bellay et Jean De Baïf). C'était l'époque que l'on a appelée par la suite "la Renaissance", c'est-à-dire l'époque où les artistes et les écrivains cherchaient leur inspiration et leur modèle chez les anciens. Les écrivains de la Pléiade se proposaient d'élever la poésie française au niveau de celle des grands poètes anciens. Ronsard, par exemple, a puisé son inspiration chez des auteurs tels que Pindare, Horace et Pétrarque.

De son vivant même, on appelait Ronsard le "Prince des poètes". Son oeuvre est d'une inspiration extrêmement variée. Bien qu'il soit devenu prêtre, Ronsard est, dans le fond, plutôt païen par le plaisir sensuel qu'il trouve dans la vie et dans la nature.

On a reproché à Ronsard d'avoir "écrit du grec et du latin en français", et son oeuvre fut longtemps critiquée pour être trop imitative et même affectée. Mais aujourd'hui on s'accorde à reconnaître en Ronsard un des plus grands poètes lyriques français.

CIEL, AIR ET VENTS . . .

Ciel, air et vents, plains* et monts découverts, *plaines
Tertres fourchus,* et forêts verdoyantes, *gullied hills"
Rivages tors,* et sources ondoyantes, *"twisting"
Taillis rasés,* et vous, bocages** verts; *"trimmed" **petits bois

5 Antres moussus* à demi-fronts ouverts, *"mossy caverns"
Prés, boutons,* fleurs et herbes rousoyantes,** *"buds" **"dewy"
Coteaux vineux* et plages** blondoyantes, *"vine-covered slopes" **plaines
Gastine,* Loir,** et vous, mes tristes vers, *nom d'une forêt **nom d'une rivière

Puisqu'au partir, rongé de soin* et d'ire, *souci
10 A ce bel oeil adieu je n'ai su dire,
Qui près et loin me détient en émoi,* *émotion

Je vous suppli', ciel, air, vents, monts et plaines,
Taillis, forêts, rivages et fontaines,
Antres, prés, fleurs, dites-le-lui pour moi.

(*Amours de Cassandre,* 1552)

9

CIEL, AIR ET VENTS . . .

COMMENTAIRE

Encore un petit poème amoureux et léger, celui-ci d'une certaine affectation de langage et de forme. Le poète demande à la nature d'adresser à la femme aimée un adieu qu'il n'a pu exprimer lui-même. Ce sonnet ne comporte qu'une seule phrase; où se trouve la proposition principale? Que remplace le pronom "le" dans cette proposition? A qui cette phrase est-elle adressée?

Les quatrains: de quoi consistent-ils? que contiennent-ils? Etudier la place des césures, ainsi que la ponctuation, qui, ensemble, contribuent à la lenteur du rythme. Jusqu'ici le ton est quelque peu indéterminé. Ce n'est qu'au vers 8 qu'apparaît le premier adjectif à connotation émotive. Dans le sens le plus strict cet adjectif "tristes" s'applique aux vers du poète. Mais on comprend maintenant qu'il s'étend aussi à tout le paysage qui précède.

Premier tercet: il commence par une conjonction justificative qui introduit une proposition subordonnée. Que nous apprend cette proposition?

Deuxième tercet: noter le choix du verbe "supplier" (étymologiquement "plier le genou"), beaucoup plus fort que "demander". Vient ensuite une reprise en raccourci de l'énumération du début. Quel est l'effet de cette reprise? Pourquoi les adjectifs ont-ils été supprimés cette fois? Tout à la fin, au vers 14, voici la proposition principale, dont le verbe est à l'impératif.

Etudier aussi le schéma des rimes et l'alternance des rimes masculines et féminines, structure toute classique déjà.

Et enfin, il faut observer que, bien plus qu'un poème d'amour, ce sonnet est également une magnifique et sensuelle ode à la nature. Etudier l'abondance et la variété des adjectifs qui décrivent cette nature. Remarquer que la nature dont il s'agit ici est tout autre que la "Nature" de l' *Ode à Cassandre* (page 11)!

ODE À CASSANDRE

Mignonne, allons voir si la rose
Qui ce matin avait déclose*   *ouvert
Sa robe de pourpre au soleil
A point perdu cette vêprée*   *soir
5   Les plis de sa robe pourprée,
Et son teint au vôtre pareil.

Las ! voyez comme en peu d'espace,
Mignonne, elle a dessus la place
Las, las, ses beautés laissé choir!*   *tomber
10   O vraiment marâtre* Nature,   *mauvause mère
Puisqu'une telle fleur ne dure
Que du matin jusques au soir!

Donc, si vous m'en croyez, mignonne,
Tandis que votre âge fleuronne*   *fleurit
15   En sa plus verte nouveauté,
Cueillez, cueillez votre jeunesse:
Comme à cette fleur, la vieillesse
Fera ternir votre beauté.

(*Odes,* deuxième édition, 1553)

11

ODE À CASSANDRE

COMMENTAIRE

Ce petit poème si simple en apparence est un des plus connus et des plus aimés de la littérature française. Caractériser le ton bien particulier de chacune des strophes. Par quels moyens le poète communique-t-il ces tons? Remarquer la place du mot "mignonne" dans chaque strophe. Le ton en est-il le même? Etudier aussi les nombreuses métaphores et comparaisons qui assimilent la rose à la bienaimée et la femme aimée à la rose (vers 2,3,5,6,9,14,15,16,18).

Vers 6: commenter la répétition du compliment.

Vers 9: Pourquoi y a-t-il répétition du mot "las"? Quel est l'effet de l'inversion du verbe et du complément?

Au vers 10: remarquer qu'ici - au milieu du poème - le thème prend une valeur plus générale: la Nature (avec une majuscule) est l'ennemie de la rose. Que signifie donc la "Nature"? De quoi encore est-elle l'ennemie?

Au vers 13: justifier l'emploi du mot "donc".

Vers 16: pourquoi le mot "cueillez" est-il répété? Quel ton cette répétition communique-t-elle?

Expliquer enfin le message épicurien du poème. Cette philosophie est-elle propre à Ronsard? D'où vient-elle?

ODELETTE À SON LAQUAIS

J'ai l'esprit tout ennuyé
D'avoir trop étudié
Les Phénomènes d'Arate.*   *titre d'un livre d'astronomie
Il est temps que je m'ébatte
5   Et que j'aille aux champs jouer.
Bons Dieux ! qui voudrait louer
Ceux qui collés sur un livre
N'ont jamais souci de vivre?

Hé, que sert l'étudier,
10   Sinon de nous ennuyer,
Et soin* dessus soin accroître**   *souci **accumuler
A nous qui serons peut-être,
Ou ce matin ou ce soir
Victime de l'Orque* noir,   *dieu des enfers
15   De l'Orque qui ne pardonne,
Tant il est fier,* à personne?   *cruel

Corydon,* marche devant,   *nom que Ronsard donne à son laquais
Sache où le bon vin se vend:
Fais après à ma bouteille
20   Des feuilles de quelque treille*   *"vine arbor"
Un tapon* pour la boucher;   *bouchon
Ne m'achète point de chair,*   *viande
Car, tant soit-elle friande,*   *délicieuse
L'été je hais la viande.

25   Achète des abricots,
Des pompons,* des artichauts,   *melons
Des fraises et de la crème:
C'est en été ce que j'aime,
Quand, sur le bord d'un ruisseau,
30   Je les mange au bruit de l'eau,
Etendu sur le rivage
Ou dans un antre* sauvage.   *caverne

Ores* que je suis dispos,**   *maintenant **en bonne santé
Je veux rire sans repos,
35   De peur que la maladie
Un de ces jours ne me die*   *dise
Me happant* à l'imprévu: *prenant par surprise
"Meurs, galant: c'est assez bu."

(*Bocage,* 1554)

ODELETTE À SON LAQUAIS

COMMENTAIRE

Ce poème est une chanson à boire. Noter l'emploi de vers de 7 syllabes, relativement rare. Sur un ton épicurien, naïf et gai, le poète traite un des thèmes qui préoccupent tout homme.

Première strophe: Vers 1: "ennuyé" a le sens fort de "découragé, épuisé", sens renforcé encore par l'emploi de l'adverbe "tout". Les "Phénomènes d'Arate" est un livre d'astronomie fort sec et ardu. Vers 6-8: sur quel ton est prononcée l'exclamation? Quel mot exprime la satire du poète envers ceux qui étudient trop? Le mot "vivre" (v. 8) a ici le sens fort de "bien vivre, profiter de la vie."

Deuxième strophe: Noter l'emploi d'une seule longue phrase, qui assombrit encore le ton de la première strophe. Qui est le "nous" du vers 10? Quel thème, fréquent chez Ronsard, est exprimé dans cette strophe? Par quelle périphrase est exprimée l'imminence de la mort (vers 13) ? Expliquer la périphrase des vers 15-16.

Troisième strophe: Voici maintenant un changement complet de ton. Corydon succède à l'Orque, ce qui nous éloigne des réflexions sombres et nous entraîne dans le monde du plaisir. Qu'est-ce qui est indiqué par la série d'impératifs (vers 17,18,19,22,25) ?

Quatrième strophe: Une liste de mets délicieux, prononcée sur un rythme gai et léger, qui correspond bien à l'épicurisme. Noter la richesse des rimes intérieures et l'abondance des sonorités gaies (vers 25-28). Et aux vers 30 à 32, les sonorités g, l, s, v qui font presque entendre le bruit du ruisseau et de la bouche qui savoure le repas !

Cinquième strophe: Contraster le ton de cette dernière strophe avec celui de la première. Vers 35: le "rire" est un acte de volonté, qui chasse les pensées sombres. Les vers 35 à 38 montrent bien que le poète n'a pas oublié son souci profond. Mais d'avoir bien vécu, d'avoir été "galant", enlève le regret de la mort inévitable. La dernière rime, en "u", assez rarement utilisée, rend bien le ton lugubre de cette dernière pensée.

Pour récapituler, relire chaque strophe et lui donner un titre. Noter aussi le changement de lieu, non exprimé mais évident: où se trouve le poète dans la première strophe? où est-il à la strophe 4 ? Quand a eu lieu déplacement? Ce changement de milieu correspond-il au sens du poème? Et à la philosophie de Ronsard?

COMME ON VOIT SUR LA BRANCHE

Comme on voit sur la branche, au mois de mai, la rose,
En sa belle jeunesse, en sa première fleur,
Rendre le ciel jaloux de sa vive couleur,
Quand l'aube, de ses pleurs, au point du jour l'arrose;

5   La Grâce dans sa feuille, et l'Amour se repose,
Embaumant les jardins et les arbres d'odeur;
Mais, battue, ou de pluie ou d'excessive ardeur
Languissante, elle meurt, feuille à feuille déclose;

Ainsi, en ta première et jeune nouveauté,
10   Quand la terre et le ciel honoraient ta beauté,
La Parque* t'a tuée, et cendre tu reposes.   *déesse de l'enfer

Pour obsèques* reçois mes larmes et mes pleurs,   *cérémonie funèbre
Ce vase plein de lait, ce panier plein de fleurs,
Afin que, vif et mort, ton corps ne soit que roses.

(*Amours de Marie,* 1555–1556)

JE VOUS ENVOIE UN BOUQUET

Je vous envoie un bouquet que ma main
Vient de trier* de ces fleurs épanies.**   *choisir **"in full bloom"
Qui* ne les eût à ce vêpre** cueillies,   *si quelqu'un **soir
Chutes* à terre elles fussent demain.   *tombées

5   Cela vous soit un exemple certain
Que vos beautés, bien qu'elle soient fleuries
En peu de temps cherront* toutes flétries,**   *tomberont **"withered"
Et comme fleurs périront tout soudain.

Le temps s'en va, le temps s'en va, ma Dame:
10   Las ! le temps non, mais nous nous en allons,
Et tôt serons étendus sous la lame.*   *"tombstone"

Et des amours desquelles nous parlons,
Quand serons morts, ne sera plus nouvelle!
Pource* aimez-moi, cependant qu'êtes belle.   *donc

(*La Continuation des amours,* 1555–1556)

JE VOUS ENVOIE UN BOUQUET

COMMENTAIRE

Encore un sonnet d'inspiration épicurienne, celui-ci a-dressé à Marie, une jeune fille de quinze ans. La fragilité des fleurs symbolise la fragilité de la jeunesse, de la beauté et du plaisir. La langue simple, le vocabulaire courant, l'absence de recherche littéraire, le rythme souple et la syntaxe élégante font de ce sonnet un petit chef-d'oeuvre.

Premier quatrain: Remarquer l'enjambement du vers 1 au vers 2, qui suggère la hâte avec laquelle le poète envoie le bouquet. Pourquoi cette hâte? Noter que ces fleurs sont "épanies" ("épanouies", en français moderne), c'est-à-dire très près de perdre leurs pétales. Les vers 3 et 4 précisent cette idée. On pourrait trouver dans les sonorités en "i" (vers 2 et 3) une harmonie rieuse, joyeuse, à contraster avec le son "u" (vers 3 et 4), plus lugubre, plus froid, qui correspond au sens du texte.

Deuxième quatrain: Observer la juxtaposition des mots "fleuries" et "flétries" à la rime, proximité frappante qui suggère la rapidité de l'approche de la mort des fleurs. Remarquer aussi les sonorités dures des mots "cherront" et "flétries".

Premier tercet: Quel ton est communiqué par la répétition? Noter, au vers 10, la correction de la pensée, qui ne fait qu'accentuer la tristesse. Commenter le ralentissement du rythme au vers 10. Comment et pourquoi le poète utilise-t-il cet effet?

Deuxième tercet: Où le poète a-t-il parlé "des amours"? Que penser de la force du mot "mort" dans un tel contexte? Pourquoi l'employer ici? Le dernier vers est une phrase séparée du reste par la ponctuation. Elle exprime sans ambage la demande du poète.

JE VEUX LIRE EN TROIS JOURS

Je veux lire en trois jours l'Iliade d'Homère,
Et pour ce, Corydon,* ferme bien l'huis** sur moi   *valet du poète **la porte
Si rien me vient troubler, je t'assure ma foi,
Tu sentiras combien pesante est ma colère.

5   Je ne veux seulement que notre chambrière
Vienne faire mon lit, ton compagnon ni toi;
Je veux trois jours entiers demeurer à recoi*   *tranquille
Pour folâtrer* après une semaine entière.   *m'amuser

Mais si quelqu'un venait de la part de Cassandre,
10 Ouvre-lui tôt la porte, et ne la fais attendre;
Soudain entre en ma chambre et me viens accoutrer.*   *habiller

Je veux tant seulement à lui seul me montrer:
Au reste, si un dieu voulait pour moi descendre
Du Ciel, ferme la porte et ne lui laisse entrer!

(*Continuation des Amours,* 1555)

À HÉLÈNE

Quand vous serez bien vieille, au soir à la chandelle,
Assise auprès du feu, dévidant* et filant,**   *"winding into a skein" **"spinning"
Direz, chantant mes vers, en vous émerveillant:
"Ronsard me célébrait du temps que j'étais belle."

5 Lors vous n'aurez servante oyant* telle nouvelle,   *entendant
Déjà sous le labeur à demi sommeillant,
Qui au bruit de Ronsard ne s'aille réveillant,
Bénissant votre nom de louange immortelle.

Je serai sous la terre, et fantôme sans os
10 Par les ombres myrteux* je prendrai mon repos   *"of myrtle (an aromatic shrub)"
Vous serez au foyer une vieille accroupie,

Regrettant mon amour et votre fier dédain.
Vivez, si m'en croyez, n'attendez à demain:
Cueillez dès aujourd'hui les roses de la vie.

(*Sonnets pour Hélène,* 1578)

À HÉLÈNE

COMMENTAIRE

Le thème et le message de ce sonnet sont les mêmes que ceux du poème précédent.

Premier quatrain: A qui s'adresse le poète? Quel âge doit avoir son inspiratrice? (Et quel âge a le poète?) Etudier tous les éléments qui contribuent à créer une atmosphère calme et sombre.

Deuxième quatrain: Comment s'est modifiée l'ambiance? Remarquer la mention passagère d'autres personnages; quelle sorte de personnages? Pourquoi ne sont-ils pas identifiés de façon plus détaillée? Noter, aux vers 7 et 8, les mots aux connotations positives. Quel en est l'effet?

Les tercets: Aux vers 9 à 12, le poète contraste les destinées différentes de "je" et "vous". Est-il probable que le poète meure avant son inspiratrice? Pourquoi? Commenter l'image de la mort au vers 9. Vers 10: le myrte est un arbuste aromatique qui était consacré à Vénus, symbole de l'amour. Vers 12: Qu'est-ce que l'emploi de l'expression "votre fier dédain" suggère quant à l'attitude de la femme aimée? Vers 13 et 14: voici enfin, en langage clair, à quoi le poète veut en venir! Pourquoi n'a-t-il pas mis ce message au début de poème? Noter le placement des deux infinitifs au début des vers. Apprécier la métaphore "les roses de la vie". Quel est donc le thème du poème? Est-il original chez Ronsard?

JE PLANTE EN TA FAVEUR

Je plante en ta faveur cet arbre de Cybèle, *   *mère des dieux
Ce pin, où tes honneurs se liront tous les jours:
J'ai gravé sur le tronc nos noms et nos amours,
Qui croîtront à l'envi* de l'écorce** nouvelle.   *en même temps que **"bark"

5   Faunes, qui habitez ma terre paternelle,
Qui menez sur le Loir* vos danses et vos tours,   *nom d'une rivière
Favorisez la plante et lui donnez secours,
Que l'été ne la brûle et l'hiver ne la gèle.

Pasteur qui conduiras en ce lieu ton troupeau,   *jouant de la flûte
10 Flageolant* une églogue** en ton tuyau d'aveine[0]   **poème pastoral [0]"oat straw"
Attache tous les ans à cet arbre un tableau*   *tablette votive

Qui témoigne aux passants mes amours et ma peine
Puis, l'arrosant de lait et du sang d'un agneau,*   *jeune mouton
Dis: "Ce pin est sacré, c'est la plante d'Hélène."

(*Sonnets pour Hélène,* 1578)

23

COMMENTAIRE

Rechercher dans ce sonnet lyrique toutes les allusions mythologiques qui élèvent l'amour à un niveau sacré (vers 1,5–6,11,13).

Premier quatrain: Quel symbolisme y a-t-il dans la plantation d'un arbre? Noter aussi le choix de l'espèce d'arbre: le pin était consacré à Cybèle, déesse de la nature et mère des dieux. S'agit-il ici du commencement ou de la fin d'une liaison amoureuse?

Deuxième quatrain: A qui s'adresse maintenant le poète, et quelle demande formule-t-il? Qu'est-ce qui suggère que le poète est ami des faunes? (Les faunes étaient des divinités rustiques.)

Tercets: Nouvelle requête, adressée cette fois à un personnage réel. Noter cependant à quel point ce personnage est proche du faune de la mythologie (vers 10)! Le rite dédicatoire (vers 13) confirme le caractère sacré de l'amour du poète pour Hélène.

Comment Hélène réagira-t-elle probablement à ce désir qu'a le poète d'"afficher" son amour pour elle (vers 2, 12)?

IL FAUT LAISSER MAISONS . . .

Il faut laisser maisons et vergers et jardins,
Vaisselles et vaisseaux* que l'artisan burine,** *vases **"engraves"
Et chanter son obsèque* en la façon du cygne *chant funèbre
Qui chante son trépas* sur les bords Méandrins.** *mort **du fleuve Méandre
                  (Turquie)
5 C'est fait ! j'ai dévidé* le cours de mes destins *"unwound"
J'ai vécu, j'ai rendu mon nom assez insigne,* *célèbre
Ma plume vole au ciel, pour être quelque signe,
Loin des appas mondains,* qui trompent les plus fins. *charmes de la terre

Heureux qui ne fut onc,* plus heureux qui retourne *jamais
10 En rien comme il était, plus heureux qui séjourne,
D'homme fait nouvel ange, auprès de Jésus-Christ,

Laissant pourir ça-bas sa dépouille* de boue, *cadavre
Dont le Sort, la Fortune et le Destin se joue,
Franc* des liens du corps, pour n'être qu'un esprit. *libre

(Derniers vers de Pierre de Ronsard, 1586)

25

IL FAUT LAISSER MAISONS

COMMENTAIRE

Ceci est le dernier sonnet écrit par Ronsard, et publié par ses amis l'année suivant sa mort. Etudier l'attitude calme et paisible avec laquelle le poète attend la fin de ses jours.

Premier quatrain: montrer que le rythme et la longueur de la phrase contribuent au ton de résignation. Aux vers 3 et 4, qu'est-ce que la comparaison avec le cygne apporte au ton de la strophe? (Selon la croyance populaire, le "chant du cygne" représentait ses adieux au monde. Le fleuve Méandre était célèbre pour ses nombreux cygnes.)

Deuxième quatrain: étudier le rythme des vers 5 et 6: une déclaration bien définitive, suivie d'une amplification qui l'adoucit. Le vers 7 signifie: "Ma plume (d'écrivain célèbre) s'élève dans le ciel où elle devient une étoile." A votre avis, le manque de modestie de la part du poète augmente-t-il ou diminue-t-il la valeur du poème? Pourquoi? Quel est le sens de la périphrase "appas mondains" (vers 8)?

Les tercets: apprécier le caractère chrétien des vers 9-11. Au vers 9, dans quel sens "qui ne fut onc" peut-il être heureux? Remarquer l'enjambement du vers 9 au vers 10, qui traduit bien la transition naturelle de la vie à la mort. Remarquer aussi la répétition du mot "heureux," qui fait songer à une litanie, donc à une prière. Expliquer la périphrase du vers 12 ("dépouille de boue") et sa connotation chrétienne. Noter au vers 13 l'emploi de trois expressions païennes (pour la mort) qui contrastent avec le mot "esprit" sur lequel se termine le poème.

JEAN DE LA FONTAINE
(1621-1695)

La Fontaine naquit dans une famille bourgeoise, à Château-Thierry, en Champagne, où son père était "maître des eaux et forêts". Il fit ses études en province et à Paris; il hésita sur le choix d'une carrière, s'engageant d'abord vers la vocation ecclésiastique, puis se tournant vers le droit. Il reçut le titre d'avocat, mais n'exerça jamais cette profession. A l'âge de 26 ans, il épousa une riche jeune fille âgée de 14 ans. Le mariage ne fut pas heureux. La Fontaine, de caractère faible et inconstant, rêveur et bon vivant, amateur d'aventures galantes, ne s'intéressa même pas à son fils, qui naquit en 1653; les époux se séparèrent en 1658.

Désormais, La Fontaine passa sa vie, libre et insouciante, sous la protection de divers personnages dont il reçut une pension (Fouquet, ministre des finances de Louis XIV, la duchesse d'Orléans, Madame de la Sablière, etc.). Ses protecteurs lui firent rencontrer une foule d'écrivains, de savants et d'artistes. Il se mit bientôt à écrire contes, romans, lettres, poésies de toutes sortes, discours, oeuvres dramatiques et même des opéras.

Mais la réputation de La Fontaine est due avant tout à ses fables. Celles-ci furent publiées en quatre parties: les six premiers livres en 1668, les cinq livres suivants en 1678, puis onze fables en 1685, et les dernières en 1694. Entre-temps, il avait été élu à l'Académie française en 1684.

On a critiqué les fables de La Fontaine pour leur naturalisme invraisemblable ("Des animaux qui parlent! Qui ont des passions!") et pour leur morale parfois douteuse ("Elles portent plus au vice qu'à la vertu"). Cependant tous s'accordent pour y reconnaître une collection de vignettes qui illustrent avec maîtrise et dans un style parfait les travers humains. La Fontaine n'a pas inventé ses fables; il reconnaît franchement avoir puisé aux sources d'Esope (fabuliste grec du 6e siècle avant Jésus-Christ), de Phèdre (fabuliste latin du 1er siècle après Jésus-Christ) et d'autres. Mais, alors que ses modèles écrivaient des leçons de morale, La Fontaine, lui, a fait des oeuvres d'art. L'auteur travaillait et polissait longuement ses oeuvres, car il voulait plaire. "Contons, mais contons bien; c'est le point principal. C'est tout". Il savait qu'une leçon de morale présentée sans beauté ne passe pas:

"Une morale nue apporte de l'ennui:
Le conte fait passer le précepte avec lui.
En ces sortes de feinte il faut instruire et plaire;
Et conter pour conter me semble peu d'affaire."

("Le pâtre et le lion")

La Fontaine était contemporain de Molière, de Racine, de Corneille et de Boileau; il est cependant bien différent de ces écrivains. En plein siècle "classique", dominé par les règles et les conventions, tant littéraires que sociales, La Fontaine n'hésita pas à choisir un style intime, familier, utilisant, selon ses besoins, la langue des juristes, des paysans ou des artisans. De même, il n'hésita pas à enfreindre les règles de rime et de versification, afin de créer des oeuvres vivantes, spontanées. Dans ce siècle dominé par l'expression de sentiments nobles, relevés, impersonnels et universels, La Fontaine ne craignit pas de traiter des travers, petits et grands, dont nous souffrons tous. Il alla même jusqu'à s'inclure sans vergogne parmi ceux qui ont des leçons à tirer de ses propres fables (voir "La laitière et le pot au lait").

LA CIGALE* ET LA FOURMI   *"Cicada"

    La Cigale, ayant chanté
        Tout l'été,
    Se trouva fort dépourvue
    Quand la bise* fut venue: *vent du nord
5 Pas un seul petit morceau
    De mouche ou de vermisseau.*   *petit ver de terre
    Elle alla crier famine
    Chez la Fourmi sa voisine,
    La priant de lui prêter
10 Quelque grain pour subsister
    Jusqu' à la saison nouvelle.
    «Je vous paierai, lui dit-elle,
    Avant l'août, foi d'animal,
    Intérêt et principal.»
15 La Fourmi n'est pas prêteuse:
    C'est là son moindre défaut.
    «Que faisiez-vous au temps chaud?
    Dit-elle à cette emprunteuse.
    — Nuit et jour à tout venant
20 Je chantais, ne vous déplaise.
    — Vous chantiez? j'en suis fort aise:
    Eh bien! dansez maintenant.»

      (*Fables choisies*, Livre I, 1688)

LA CIGALE ET LA FOURMI

COMMENTAIRE

Cette fable, la première du recueil, est bien connue de tous les écoliers français. On remarque tout de suite le rythme rapide, presque sautillant, auquel contribue l'emploi de vers de 7 syllabes. Le tout est traité sur un ton assez léger. On entre tout de suite dans le sujet. Aucune introduction n'est nécessaire car le symbolisme des "personnages" est universellement connu. Noter l'absence de verbe au vers 5, qui contribue également à la concision. Même la métonymie du vers 4 n'allonge pas la phrase.

La requête de la fourmi est présentée au discours indirect (v. 9–11). Ensuite vient la vivacité du discours direct, qui continue presque sans interruption jusqu'à la fin de la fable. Vers 15–16: comment la fourmi est-elle décrite? Outre son avarice, quel autre défaut a-t-elle? Au vers 18, apprécier l'expression "cette emprunteuse". C'est évidemment le point de vue de la fourmi. Pourquoi le poète ne précise-t-il pas cela? Aux vers 19–20; remarquer l'air enjoué de la cigale, rendu par les expressions "à tout venant" et "ne vous déplaise". Comparer cela à la réplique de la fourmi; sur quel ton prononce-t-elle cette réplique (vers 21–22)?

Lequel des deux personnages vous semble le plus admirable? Pourquoi?

Quelle morale La Fontaine a-t-il voulu présenter dans cette fable? Jean-Jacques Rousseau et Voltaire, entre autres, ont critiqué la fable parce qu'elle "enseigne une horrible leçon" aux enfants. Que penser de cette opinion?

LE CORBEAU ET LE RENARD

Maître Corbeau, sur un arbre perché,
   Tenait en son bec un fromage.
Maître Renard, par l'odeur alléché,*   *attiré
   Lui tint à peu près ce langage:
5 «Hé! bonjour, Monsieur du Corbeau,
Que vous êtes joli! que vous me semblez beau!
     Sans mentir, si votre ramage*   *chant
     Se rapporte à votre plumage,
Vous êtes le phénix* des hôtes de ces bois.»   *oiseau fabuleux
                                                     extraordinaire
10 A ces mots le Corbeau ne se sent pas* de joie;
     Et pour montrer sa belle voix,   *est transporté
Il ouvre un large bec, laisse tomber sa proie.
Le Renard s'en saisit, et dit: « Mon bon Monsieur,
     Apprenez que tout flatteur
15   Vit aux dépens* de celui qui l'écoute: *frais
Cette leçon vaut bien un fromage, sans doute.»
     Le Corbeau, honteux et confus,*   *fâché
Jura, mais un peu tard, qu'on ne l'y prendrait plus.

(*Fables choisies*, Livre I, 1688)

LE CORBEAU ET LE RENARD
COMMENTAIRE

Cette fable est sans doute la plus célèbre de toutes. La rapidité, la caractérisation réussie des personnages, l'humour et le travers si commun qu'elle satirise, en ont assuré le succès.

Noter l'emploi du titre "maître"; qu'indique-t-il sur la nature des personnages? Etudier le discours du renard (v. 5-9); y relever tous les termes flatteurs. Noter l'exagération évidente aux vers 7 ("sans mentir") et 9 ("le phénix"), et montrer que le reste du discours est tout aussi exagéré. Quelle est la valeur de la périphrase du vers 9?

Remarquer la rapidité de la réaction du corbeau — qui n'a pas réfléchi à ce qu'il faisait. Montrer que le rythme du vers 12 correspond parfaitement à l'idée qui y est exprimée.

La morale est intégrée à la fable, puisque c'est un des personnages qui l'exprime. Quel est l'avantage, et quel est l'humour, de cette manière de faire?

Etudier le schéma des rimes, et noter que l'irrégularité apparente (v. 14) n'existait pas au XVIIe siècle: "flatteur" se prononçait "flatteux".

A étudier également avec soin: la structure rythmique du poème; montrer que le rythme des vers est parfaitement adapté au contenu, particulièrement aux vers 5 et 6, 9, 12, 17 et 18.

LE LOUP ET L'AGNEAU

	La raison du plus fort est toujours la meilleure:	
	Nous l'allons montrer tout à l'heure.	
	Un Agneau se désaltérait*	*buvait
	Dans le courant d'une onde pure.	
5	Un Loup survient à jeun,* qui cherchait aventure,	*qui n'a pas mangé ni bu
	Et que la faim en ces lieux attirait.	
	"Qui te rend si hardi de troubler mon breuvage?	
	Dit cet animal plein de rage:	
	Tu seras châtié* de ta témérité.	*puni
10	- Sire, répond l'Agneau, que Votre Majesté	
	Ne se mette pas en colère;	
	Mais plutôt qu'elle considère	
	Que je me vas* désaltérant	*vais
	Dans le courant,	
15	Plus de vingt pas au-dessous d'Elle;	
	Et que par conséquent, en aucune façon,	
	Je ne puis troubler sa boisson.	
	- Tu la troubles, reprit cette bête cruelle;	
	Et je sais que de moi tu médis* l'an passé.	*dis du mal (passé simple)
20	- Comment l'aurais-je fait si je n'étais pas né?	
	Reprit l'Agneau; je tête* encor ma mère	*"suck at the breast"
	- Si ce n'est toi, c'est donc ton frère.	
	- Je n'en ai point. -C'est donc quelqu'un des tiens;	
	Car vous ne m'épargnez guère,	
25	Vous, vos bergers, et vos chiens.	
	On me l'a dit: il faut que je me venge."	
	Là-dessus, au fond des forêts	
	Le Loup l'emporte, et puis le mange,	
	Sans autre forme de procès.	

(*Fables choisies,* Livre I, 1668)

LE LOUP ET L'AGNEAU

COMMENTAIRE

On remarque tout de suite deux particularités de cette fable: (1) la morale vient au début, plutôt qu'à la fin, (2) la grande variété dans la longueur des vers (4, 7, 8, 10 et 12 syllabes). La Fontaine sait introduire une grande flexibilité et beaucoup de liberté dans la forme, pour éviter la monotonie.

Vers 3–4: La scène commence d'emblée dans une atmosphère pastorale ("une onde pure"). Remarquer que le verbe "survient" est au présent. Quel effet cela crée-t-il? Il faut lire le vers 7 à haute voix pour bien remarquer la prépondérance des sonorités en "r", ainsi que les voyelles et les nasales qui rendent bien le grondement féroce du loup. De même, au vers 9, l'emploi des sons "t" suggère sa froide férocité dédaigneuse. Ces effets sont à contraster avec le langage respectueux, naïf et volubile de l'agneau, qui ne se doute de rien (vers 10 à 17). Noter encore, au vers 18, les sonorités dures quand on parle du loup. Qu'est-ce que la périphrase "cette bête cruelle" ajoute comme effet?

Remarquer que les phrases de l'agneau deviennent de plus en plus courtes. Pourquoi? Le discours du loup devient de plus en plus insensé; il n'a pas besoin d'avoir raison, puisqu'il est le plus fort. Commenter l'absurdité du discours du loup aux vers 24 et 25.

Noter aussi l'accélération du dialogue et de l'action grâce à une grande économie de moyens: après le vers 21, ce n'est plus que la ponctuation qui indique le personnage qui parle. Noter de nouveau l'emploi du temps présent au vers 28.

Le fait d'avoir placé la morale au début permet une fin abrupte à la petite scène. Commenter l'avantage de ce procédé.

LA MORT ET LE BÛCHERON

Un pauvre bûcheron, tout couvert de ramée,*   *branches
Sous le faix* du fagot aussi bien que des ans   *fardeau burden
Gémissant et courbé, marchait à pas pesants,
Et tâchait de gagner sa chaumine* enfumée.   *petite maison
5 Enfin, n'en pouvant plus d'effort et de douleur,
Il met bas son fagot, il songe à son malheur.
Quel plaisir a-t-il eu depuis qu'il est au monde?
En est-il un plus pauvre en la machine ronde?
Point de pain quelquefois, et jamais de repos: *les paysans devaient nourrir et
10 Sa femme, ses enfants, les soldats,* les impôts,   loger les soldats de passage
     Le créancier et la corvée,**   **travail qu'il fallait faire pour
Lui font d'un malheureux la peinture achevée.   le seigneur
Il appelle la Mort. Elle vient sans tarder,
     Lui demande ce qu'il faut faire.
15   «C'est, dit-il, afin de m'aider
A recharger ce bois; tu ne tarderas guère.»

     Le trépas* vient tout guérir;   *la mort
     Mais ne bougeons d'où nous sommes:
     Plutôt souffrir que mourir,
20   C'est la devise des hommes.

     (*Fables choisies*, Livre I, 1688)

LA MORT ET LE BÛCHERON
COMMENTAIRE

La fable commence par le portrait du bûcheron: remarquer les longs vers (alexandrins), les coupes, la longue première phrase, les sonorités nasales. Quelles émotions, quels sentiments sont communiqués par tous ces éléments? Relever tous les mots qui expriment l'accablement du bûcheron. Noter ensuite les réponses négatives (implicites) aux questions que se pose le bûcheron. Viennent alors deux expressions négatives, puis une énumération de caractère négatif. (Noter que dans un contexte différent, "sa femme, ses enfants" auraient un sens tout autre!) Montrer que la gradation appelle tout naturellement le vers 13.

L'arrivée de la Mort est un événement merveilleux, fabuleux, qui cependant ne surprend pas ici; pourquoi? Qu'est-ce que la brièveté de la phrase "Il appelle la Mort" indique? Qu'est-ce que le brusque changement d'attitude indique concernant le bûcheron? Concernant l'homme en général? Pourquoi le bûcheron dit-il "tu ne tarderas guère"?

La moralité est plutôt une observation sur la nature humaine. Noter que le "pauvre bûcheron" (v. 1) est devenu "les hommes" (v. 20). Par quelles étapes La Fontaine est-il passé pour généraliser cette fable?

36

LE CHÊNE ET LE ROSEAU

Le chêne un jour dit au roseau:
«Vous avez bien sujet d'accuser la nature;
Un roitelet* pour vous est un pesant fardeau;   *petit oiseau
    Le moindre vent qui d'aventure
    Fait rider la face de l'eau,
5   Vous oblige à baisser la tête;
Cependant que mon front, au Caucase pareil,
Non content d'arrêter les rayons du soleil,
    Brave l'effort de la tempête.
10 Tout vous est aquilon,* tout me semble zéphyr.**   *vent du nord
   Encor si vous naissiez à l'abri du feuillage   **vent doux et agréable
    Dont je couvre le voisinage,
    Vous n'auriez pas tant à souffrir;
    Je vous défendrais de l'orage:
15   Mais vous naissez le plus souvent
Sur les humides bords des royaumes du vent.
La nature envers vous me semble bien injuste.
— Votre compassion, lui répondit l'arbuste,
Part d'un bon naturel; mais quittez ce souci:
20   Les vents me sont moins qu'à vous redoutables;
Je plie, et ne romps pas. Vous avez jusqu'ici
    Contre leurs coups épouvantables
    Résisté sans courber le dos;
Mais attendons la fin.» Comme il disait ces mots,
25 Du bout de l'horizon accourt avec furie
    Le plus terrible des enfants
Que le nord eût portés jusque-là dans ses flancs.
    L'arbre tient bon; le roseau plie.
    Le vent redouble ses efforts,
30   Et fait si bien qu'il déracine
Celui de qui la tête au ciel était voisine,
Et dont les pieds touchaient à l'empire des morts.

(*Fables choisies*, Livre I, 1668)

37

LE CHÊNE ET LE ROSEAU
COMMENTAIRE

Il y a trois voix dans cette fable: le chêne, le roseau et le narrateur. Le narrateur se contente de nommer les personnages; (aucune description n'est nécessaire, tout le monde connaissant les caractéristiques essentielles d'une chêne et d'un roseau.)

Combien de vers comporte le discours du chêne? Noter le style: synecdoque (v. 7), comparaisons, périphrases, allusions, circonlocutions. Que peut-on conclure sur l'attitude du chêne, d'après sa manière de parler? Quelle est son attitude envers le roseau? (compassion? pitié? vanité? fatuité? mépris?) Justifiez votre opinion par les mots mêmes du texte. Remarquer aussi l'ampleur des vers dans le discours du chêne.

Combien de vers comporte la réponse du roseau? Noter le style: direct, simple, sans emphase; c'est presque le ton de la conversation. Que peut-on conclure sur le caractère du roseau? Noter l'absence de rimes frappantes (l'enjambement des vers 21-22, et l'inégalité des vers les affaiblit.)

La voix du narrateur se fait de nouveau entendre dans les 9 derniers vers. Remarquer la reprise du style pompeux dans la description du Nord (personnification). Ensuite deux phrases courtes et simples dans le style du roseau. Enfin une longue périphrase résume bien le caractère du chêne. Noter le contraste entre "était voisine" et "touchaient", qui résume la condition du chêne — et de nous tous.

Pourquoi l'auteur ne formule-t-il pas de moralité à la fin de cette fable?

LE MEUNIER, SON FILS ET L'ÂNE

L'invention des arts étant un droit d'aînesse,* *priorité à l'enfant aîné
Nous devons l'apologue*à l'ancienne Grèce: *la fable
Mais ce champ ne se peut tellement moissonner
Que les derniers venus n'y trouvent à glaner.* *"to glean"
5 La feinte*est un pays plein de terres désertes: *la fiction
Tous les jours nos auteurs y font des découvertes.
Je t'en veux dire un trait assez bien inventé: *poète français (XVIIe siècle)
Autrefois à Racan*Malherbe**l'a conté. **poète français
Ces deux rivaux d'Horace,* héritiers de sa lyre,**   (XVIe - XVIIe siècle)
                                                 *poète latin (65-8 av. J.C.)
10 Disciples d'Apollon,*nos maîtres, pour mieux dire, **inspriration poétique
Se rencontrant un jour tout seuls et sans témoins *dieu des arts
(Comme ils se confiaient leurs pensers et leurs soins),
Racan commence ainsi: «Dites-moi, je vous prie,
Vous qui devez savoir les choses de la vie,
15 Qui par tous ses degrés avez déjà passé,
Et que rien ne doit fuir*en cet âge avancé, *passer sans être vu
A quoi me résoudrai-je? il est temps que j'y pense.
Vous connaissez mon bien, mon talent, ma naissance:
Dois-je dans la province établir mon séjour?
20 Prendre emploi dans l'armée, ou bien charge à la cour?
Tout au monde est mêlé d'amertume et de charmes:
La guerre a ses douceurs, l'hymen*a ses alarmes. *mariage
Si je suivais mon goût, je saurais où buter;* *me diriger
Mais j'ai les miens, la cour, le peuple,* à contenter.» *public
25 Malherbe là-dessus: «Contenter tout le monde!
Ecoutez ce récit avant que je réponde.

«J'ai lu dans quelque endroit qu'un meunier et son fils,
L'un vieillard, l'autre enfant, non pas des plus petits,
Mais garçon de quinze ans, si j'ai bonne mémoire,
30 Allaient vendre leur âne, un certain jour de foire.
Afin qu'il fût plus frais et de meilleur débit,* *vente
On lui lia les pieds, on vous le suspendit;
Puis cet homme et son fils le portent comme un lustre.* *chandelier
«Pauvres gens! idiots! couple ignorant et rustre!*» *grossier
35 Le premier qui les vit de rire s'éclata:
«Quelle farce, dit-il, vont jouer ces gens-là?
«Le plus âne des trois n'est pas celui qu'on pense.»
Le meunier, à ces mots, connaît son ignorance;
Il met sur pieds sa bête, et la fait détaler. * *partir en hâte
40 L'âne, qui goûtait fort l'autre façon d'aller,

Se plaint en son patois. Le meunier n'en a cure;* *ne s'en soucie pas

Il fait monter son fils, il suit: et, d'aventure,* *par hasard

Passent trois bons marchands. Cet objet leur déplut. *spectacle

Le plus vieux au garçon s'écria tant qu'il put:

45 «Oh là! oh! descendez, que l'on ne vous le dise,

«Jeune homme, qui menez laquais* à barbe grise! *domestique

«C'était à vous de suivre, au vieillard de monter.

«– Messieurs, dit le meunier, il vous faut contenter.»

L'enfant met pied à terre, et puis le vieillard monte;

50 Quand trois filles passant, l'une dit: «C'est grand'honte

«Qu'il faille voir ainsi clocher* ce jeune fils. *boîter

«Tandis que ce nigaud,* comme un évêque assis, *"simpleton"

«Fait le veau* sur son âne, et pense être bien sage. *(ici) le sot

«– Il n'est, dit le meunier, plus de veaux à mon âge:

55 «Passez votre chemin, la fille, et m'en croyez.»

Après maints* quolibets** coup sur coup renvoyés, *plusieurs **moqueries

L'homme crut avoir tort, et mit son fils en croupe.

Au bout de trente pas, une troisième troupe

Trouve encore à gloser.* L'un dit: «Ces gens sont fous! *critiquer

60 «Le baudet n'en peut plus; il mourra sous leurs coups.

«Eh quoi! charger ainsi cette pauvre bourrique!

«N'ont-ils point de pitié de leur vieux domestique?

«Sans doute qu'à la foire ils vont vendre sa peau.

«– Parbleu! dit le meunier, est bien fou du cerveau

65 «Qui prétend contenter tout le monde et son père.

«Essayons toutefois si par quelque manière

«Nous en viendrons à bout.» Ils descendent tous deux.

L'âne se prélassant* marche seul devant eux. *se mettant à son aise

Un quidam* les rencontre, et dit: «Est-ce la mode *quelqu'un

70 «Que baudet aille à l'aise, et meunier s'incommode?

«Qui de l'âne ou du maître est fait pour se lasser?

«Je conseille à ces gens de le faire enchâsser* *"enshrine"

«Ils usent leurs souliers, et conservent leur âne!

«Nicolas,* au rebours: car, quand il va voir Jeanne, *Nicolas fait le contraire (allusion à une chanson populaire de l'époque)

75 «Il monte sur sa bête; et la chanson le dit.

«Beau trio de baudets!» Le meunier repartit:

«Je suis âne, il est vrai, j'en conviens, je l'avoue;

«Mais que dorénavant* on me blâme, on me loue, *désormais

«Qu'on dise quelque chose ou qu'on ne dise rien,

80 «J'en veux faire à ma tête.» Il le fit, et fit bien.

«Quant à vous, suivez Mars,* ou l'Amour ou le prince; *dieu de la guerre

Allez, venez, courez; demeurez en province;

Prenez femme, abbaye, emploi, gouvernement:* *emploi de gouverneur

Les gens en parleront, n'en doutez nullement.»

(*Fables choisies*, Livre III, 1668)

40

LE MEUNIER, SON FILS ET L'ÂNE
COMMENTAIRE

Cette fable se divise très clairement en trois parties inégales tant par leur longueur que par leur valeur:

Les vers 1 à 26 sont une introduction qui situe la fable dans un contexte précis et restreint. Ensuite vient la fable proprement dite (v. 27-80). Enfin, la moralité (v. 81-84), qui reprend le cadre restreint de l'introduction, tout en généralisant l'observation sur la nature humaine.

Noter l'emploi de l'alexandrin, qui donne à la fable une valeur traditionnelle, et qui s'accorde avec le caractère "ancien", "traditionnel" de l'histoire.

Quelle est la valeur de l'introduction? Est-elle indispensable à la fable proprement dite? Expliquer les métaphores des vers 3 à 6. Pourquoi Racan demande-t-il conseil à Malherbe?

Diviser la fable proprement dite en tableaux; noter ensuite la grande variété de détails dans chaque scène, la variété dans la composition des groupes de passants qui critiquent le meunier, l'alternance des réactions du meunier. Noter également la variété dans la valeur des diverses critiques adressées au meunier. (Qu'apprenons-nous ainsi concernant les passants eux-mêmes?)

Relever tous les détails pittoresques et comiques de la fable: pittoresque visuel (v. 32), comique d'expression (v. 37), etc. (Voir par exemple les vers 41, 46, 52, 63, 72, 74-75.)

Noter le style plus recherché de la moralité; pourquoi cette différence de style? Bien que dans cette fable il s'agisse d'êtres humains, plutôt que d'animaux, noter l'ambiance rustique chère à La Fontaine.

LE LIÈVRE ET LA TORTUE

Rien ne sert de courir; il faut partir à point:
Le Lièvre et la Tortue en sont un témoignage.

«Gageons, dit celle-ci, que vous n'atteindrez point
Sitôt que moi ce but. — Sitôt? Etes-vous sage?
5   Repartit l'animal léger:
        Ma commère, il vous faut purger
        Avec quatre grains d'ellébore.*
        — Sage ou non, je parie encore.»
        Ainsi fut fait; et de tous deux
10   On mit près du but les enjeux:*
        Savoir quoi, ce n'est pas l'affaire,
        Ni de quel juge l'on convint.
Notre Lièvre n'avait que quatre pas à faire,
J'entends de ceux qu'il fait lorsque, prêt d'être atteint,
15 Il s'éloigne des chiens, les renvoie aux calendes,*
        Et leur fait arpenter* les landes.**
Ayant, dis-je, du temps de reste pour brouter,*
        Pour dormir, et pour écouter
        D'où vient le vent, il laisse la Tortue
20   Aller son train de sénateur.
        Elle part, elle s'évertue,*
        Elle se hâte avec lenteur.
Lui cependant méprise une telle victoire,
        Tient la gageure* à peu de gloire,
25   Croit qu'il y va de son honneur
        De partir tard. Il broute, il se repose,
        Il s'amuse à toute autre chose
        Qu' à la gageure. A la fin, quand il vit
Que l'autre touchait presque au bout de la carrière,
30 Il partit comme un trait; mais les élans qu'il fit
Furent vains: la Tortue arriva la première.
« Eh bien! lui cria-t-elle, avais-je pas raison?
        De quoi vous sert votre vitesse?
        Moi l'emporter! et que serait-ce
35   Si vous portiez une maison?»

(Fables choisies, Livre VI, 1668)

*plante que l'on croyai
capable de guérir de
la folie.

*"stakes"

*se moque d'eux
*marcher loin
**"the moors, heaths"
*manger l'herbe

*fait un effort

*le pari

42

bouc-émissaire   scapegoat
quelqu'un pour sacrifier

LES ANIMAUX MALADES DE LA PESTE

Un mal qui répand la terreur,
Mal que le ciel en sa fureur
Inventa pour punir les crimes de la terre,
La peste (puisqu'il faut l'appeler par son nom),
5 Capable d'enrichir en un jour l'Achéron,*   * Achéron: fleuve des enfers
      Faisait aux animaux la guerre.   mythologiques
Ils ne mouraient pas tous, mais tous étaient frappés:
      On n'en voyait point d'occupés
A chercher le soutien d'une mourante vie;
10   Nul mets n'excitait leur envie;
      Ni loups ni renards n'épiaient
      La douce et l'innocente proie;
      Les tourterelles se fuyaient:
      Plus d'amour, partant* plus de joie.   *donc
15 Le lion tint conseil, et dit: «Mes chers amis,
      Je crois que le ciel a permis
      Pour nos péchés cette infortune.
      Que le plus coupable de nous
Se sacrifie aux traits du céleste courroux;*   *colère
20 Peut-être il obtiendra la guérison commune.
L'histoire nous apprend qu'en de tels accidents
      On fait de pareils dévouements.
Ne nous flattons donc point; voyons sans indulgence
      L'état de notre conscience.
25 Pour moi, satisfaisant mes appétits gloutons,
      J'ai dévoré force* moutons.   *beaucoup de
      Que m'avaient-ils fait? nulle offense;
Même il m'est arrivé quelquefois de manger
      Le berger.   enjambement
30 Je me dévouerai donc, s'il le faut: mais je pense
Qu'il est bon que chacun s'accuse ainsi que moi;
Car on doit souhaiter, selon toute justice,
      Que le plus coupable périsse.
— Sire, dit le renard, vous êtes trop bon roi;
35 Vos scrupules font voir trop de délicatesse.
Eh bien! manger moutons, canaille, sotte espèce,
Est-ce un péché? Non, non. Vous leur fîtes, seigneur,   très dramatique
      En les croquant, beaucoup d'honneur;   avec les phrases
      Et quant au berger, l'on peut dire   courtes
40   Qu'il était digne de tous maux,

Étant de ces gens-là qui sur les animaux
    Se font un chimérique*empire.»
Ainsi dit le renard; et flatteurs d'applaudir.*
    On n'osa trop approfondir

45 Du tigre, ni de l'ours, ni des autres puissances,
    Les moins pardonnables offenses:
Tous les gens querelleurs, jusqu'aux simples mâtins,*
Au dire de*chacun étaient de petits saints.
L'âne vint à son tour, et dit: «J'ai souvenance

50   Qu'en en pré de moines passant,
La faim, l'occasion, l'herbe tendre, et, je pense,
    Quelque diable aussi me poussant,
Je tondis de ce pré la largeur de ma langue;
Je n'en avais nul droit, puisqu'il faut parler net.»

55 A ces mots on cria haro*sur le baudet.**
Un loup, quelque peu clerc, prouva par sa harangue
Qu'il fallait dévouer ce maudit animal,
Ce pelé,*ce galeux,**d'où venait tout leur mal.
Sa peccadille fut jugée un cas pendable.

60 Manger l'herbe d'autrui! quel crime abominable!
    Rien que la mort n'était capable
D'expier son forfait. On le lui fit bien voir.

Selon que vous serez puissant ou misérable,
Les jugements de cour vous rendront blanc ou noir.

(*Second recueil de Fables*, Livre VII, 1678-79)

*illusoire
*infinitif = passé simple

*grands chiens méchants
*selon

*on s'indigna **âne

*qui a perdu ses poils
**"mangy"

*crime

LES ANIMAUX MALADES DE LA PESTE
COMMENTAIRE

Cette fable se présente comme un petit drame. Dans la première scène (v. 1-14) l'auteur peint un tableau des ravages de la peste. Etudier tous les mots importants de cette scène; énumérer tous les mots "terrifiants" de la première phrase. Remarquer la série de tournures négatives dans les deuxième et troisième phrase. Noter la progression dans la description des effets du "mal qui répand la terreur". Noter que trois animaux seulement sont mentionnés; quelles caractéristiques s'attachent à ces animaux?

La deuxième scène est constituée par le discours du Lion (v. 15-33). Quelle expression montre que ces animaux se comportent comme des hommes — en particulier comme des habitants d'un royaume? Dans la première partie de son discours (v. 15-24) le lion s'identifie aux autres animaux. Par quels termes? Dans quel but? Est-il sincère? Dans la deuxième partie (v. 25-33) il fait sa confession. Noter l'absence de remords et d'humilité; cela est-il en conformité avec la personnalité du lion? Quel est l'effet du rythme inattendu au vers 29?

Dans la troisième scène (v. 34-43) nous assistons aux flatteries du Renard. Il parle en courtisan. (Noter par exemple le mot "croquer", alors que le lion avait dit "dévorer"). Relever toutes les expressions flatteuses dans ce discours. Noter qu'en parlant le premier, le renard saisit l'occasion de remplacer sa confession par autre chose (quoi?).

Les vers 44-48 forment une transition, qui continue le ton établi par le renard. Pourquoi l'auteur passe-t-il si rapidement sur les "confessions" des autres animaux? Quel mot du vers 45 les résume?

La dernière scène (v. 49-62) présente la "solution" du problème, dans la confession de l'âne et le raisonnement du loup. Noter le choix des animaux! Montrer que le rythme (les coupes des vers) correspond bien au tempérament de l'âne, et à sa confession hésitante — et honnête, celle-ci! (v. 49-53). Pourquoi l'auteur a-t-il choisi un loup comme clerc? Ce choix est-il préfiguré (comme, d'ailleurs, celui du renard)? A quel vers? Qu'est-ce qu'une harangue? Est-ce le genre de discours qui prouve quelque chose? Que signifie "on le lui fit bien voir"?

Enfin, les deux derniers vers de la fable nous apportent la morale. Cette morale est-elle applicable seulement à la société du temps de La Fontaine? Quelle institution est particulièrement visée? Cette morale est-elle un conseil ou une observation? Que peut-on conclure sur l'attitude de l'auteur?

LE HÉRON

Un jour, sur ses longs pieds, allait je ne sais où,
Le Héron au long bec emmanché* d'un long cou.   *attaché
    Il côtoyait* une rivière.   *allait le long de
L'onde était transparente ainsi qu'aux plus beaux jours;
5 Ma commère* la Carpe y faisait mille tours   *femme bavarde
    Avec le brochet* son compère**   *"pike" **compagnon
Le Héron en eût fait aisément son profit:
Tous approchaient du bord; l'oiseau n'avait qu'à prendre.
    Mais il crut mieux faire d'attendre
10   Qu'il eût un peu plus d'appétit:
Il vivait de régime,* et mangeait à ses heures.   *"diet"
Après quelques moments, l'appétit vint: l'Oiseau,
    S'approchant du bord, vit sur l'eau
Des tanches* qui sortaient du fond de ces demeures.   *"tenches (a species of fish)"
15 Le mets ne lui plut pas; il s'attendait à mieux,
    Et montrait un goût dédaigneux,
    Comme le Rat du bon Horace.*   *poète latin
Moi, des tanches ! dit-il, moi, Héron, que je fasse
Une si pauvre chère?* Et pour qui me prend-on?   *repas
20 La tanche rebutée, il trouva du goujon.*   *"gudgeon (a species of fish)
Du goujon ! c'est bien là le dîner d'un Héron !
J'ouvrirais pour si peu le bec ! aux Dieux ne plaise !
Il l'ouvrit pour bien moins: tout alla de façon
    Qu'il ne vit plus aucun poisson.
25 La faim le prit: il fut tout heureux et tout aise
    De rencontrer un limaçon.*   *"snail"

    Ne soyons pas si difficiles:
Les plus accomodants, ce sont les plus habiles;
On hasarde de perdre en voulant trop gagner.
30   Gardez-vous de rien dédaigner,
Surtout quand vous avez à peu près votre compte . . .

(*Second recueil de Fables,* Livre VII, 1678–79)

46

LA LAITIÈRE ET LE POT AU LAIT

Perrette, sur sa tête ayant un pot au lait
     Bien posé sur un coussinet,
Prétendait arriver sans encombre à la ville.
Légère et court vêtue, elle allait à grands pas,
5 Ayant mis, ce jour-là, pour être plus agile,
     Cotillon* simple et souliers plats.   *jupe de dessous
     Notre laitière ainsi troussée*   *habillée
     Comptait déjà dans sa pensée
Tout le prix de son lait, en employait l'argent;
10 Achetait un cent d'œufs, faisait triple couvée*:   *triple hatching
La chose allait à bien par son soin diligent.
     « Il m'est, disait-elle, facile
D'élever des poulets autour de ma maison;
     Le renard sera bien habile
15 S'il ne m'en laisse assez pour avoir un cochon.
Le porc à s'engraisser coûtera peu de son*;   *"bran"
Il était, quand je l'eus, de grosseur raisonnable:
J'aurai, le revendant, de l'argent bel et bon.
Et qui m'empêchera de mettre en notre étable,
20 Vu le prix dont il est, une vache et son veau,
Que je verrai sauter au milieu du troupeau?»
Perrette là-dessus saute aussi, transportée:
Le lait tombe; adieu veau, vache, cochon, couvée.
La dame de ces biens, quittant d'un œil marri*   *repentant
25   Sa fortune ainsi répandue,
     Va s'excuser à son mari,
     En grand danger d'être battue.
     Le récit en farce en fut fait;
     On l'appela le Pot au lait.

30   Quel esprit ne bat la campagne*?   *ne rêvasse
     Qui ne fait châteaux en Espagne?
Picrochole*, Pyrrhus**, la Laitière, enfin tous,   *roi conquérant et vantard
     Autant les sages que les fous,   (personnage de Rabelais)
Chacun songe en veillant; il n'est rien de plus doux: **roi grec avide de conquêtes
35 Une flatteuse erreur emporte alors nos âmes;
     Tout le bien du monde est à nous,
     Tous les honneurs, toutes les femmes.
Quand je suis seul, je fais au plus brave un défi;
Je m'écarte, je vais détrôner le Sophi*;   *roi de Perse
40   On m'élit roi, mon peuple m'aime;
Les diadèmes vont sur ma tête pleuvant:
Quelque accident fait-il que je rentre en moi-même,
     Je suis gros Jean* comme devant.   *gros Jean: paysan
                            maladroit et stupide
(*Second recueil de Fables*, Livre VII, 1678-79)

LA LAITIÈRE ET LE POT AU LAIT
COMMENTAIRE

Cette fable est un véritable petit drame; étudiez-en la construction. Aux vers 1-6, étudier le rythme, le choix des mots et les détails concrets, qui communiquent (1) la légèreté de Perrette, et (2) son sens pratique et raisonnable. A partir de quel vers l'imagination s'empare-t-elle de Perrette? Montrer la progression dans le rêve et dans l'enthousiasme de Perrette. (V. 17: noter le temps du verbe; qu'est-ce que cela indique? V. 22: noter le rythme). Au vers 23, cette liste est comme une avalanche! Remarquer l'ordre des mots.

Dans la moralité: le poète tire la leçon du petit drame. Bien remarquer à qui cette leçon s'adresse. Apprécier la progression à rebours, du général au particulier. Montrer comment (v. 43) l'auteur s'inclut lui-même parmi ceux qui sont comme Perrette. Quelle valeur a cette inclusion? Que nous dit-elle concernant l'auteur?

ANDRÉ CHÉNIER
(1762-1794)

André Chénier est né à Constantinople, où son père était consul de France. C'est peut-être de sa mère, d'origine grecque, qu'il a acquis très jeune une extraordinaire vénération pour tout ce qui venait de la Grèce antique. Il fit de très bonnes études à Paris, puis voyagea en Suisse et en Italie, puis à Londres, avant de rentrer en France en 1790.

Il participa activement à la révolution, mais ensuite protesta contre les excès des révolutionnaires, ce qui lui valut d'être soupçonné de royalisme. Chénier fut arrêté en 1794 et emprisonné à la prison Saint-Lazare, où il écrivit quelques-uns de ses plus beaux poèmes. Il fut condamné comme ennemi du peuple et mourut guillotiné.

Deux poèmes seulement d'André Chénier ont été publiés pendant sa vie. La plus grande partie de son oeuvre est donc posthume. Il avait conçu de grands poèmes philosophiques retraçant toute l'histoire de l'homme, mais sa mort prématurée l'a empêché de les écrire. Chénier nous est donc surtout connu par ses élégies et ses odes, oeuvres assez courtes qui révèlent une inspiration et un enthousiasme puissants. "L'art ne fait que des vers, le coeur seul est poète." écrivit-il.

Chénier a lutté contre la poésie académique, pontifiante qui était à la mode, et a préconisé un renouvellement de l'imitation des anciens. Mais il ne s'agit pas d'une servile imitation des Grecs et des Latins. Il s'agit au contraire d'écrire sur les sujets, les idées, les mouvements de son époque. C'est ce qu'indique son vers fameux: "Sur des pensers nouveaux faisons des vers antiques."

On considère que Chénier est le dernier des poètes classiques français et le précurseur des romantiques. En effet, par son audace dans la structure du vers, son emploi d'enjambements, de coupes et de rejets variés, il a donné à l'alexandrin classique une souplesse qui anticipe ce que feront les romantiques qui viendront après lui.

LA JEUNE CAPTIVE

«L'épi* naissant mûrit de la faux respecté;   *"ear (of grain)"
Sans crainte du pressoir, le pampre* tout l'été   *branche de vigne
    Boit les doux présents de l'aurore
Et moi, comme lui belle, et jeune comme lui,
5 Quoi que l'heure présente ait de trouble et d'ennui,
    Je ne veux point mourir encore.

Qu'un stoïque* aux yeux secs vole embrasser la mort: * stoïcien. (Le stoïcisme
Moi je pleure et j'espère. Au noir souffle du nord   admet le suicide).
    Je plie et relève ma tête.
10 S'il est des jours amers, il en est de si doux!
Hélas! quel miel jamais n'a laissé de dégoûts?
    Quelle mer n'a point de tempête?

L'illusion féconde habite dans mon sein.
D'une prison sur moi les murs pèsent en vain,
15   J'ai les ailes de l'espérance.
Échappée aux réseaux* de l'oiseleur** cruel,   *"nets"
Plus vive, plus heureuse, aux campagnes du ciel   **homme qui capture et élève
    Philomèle* chante et s'élance.   les oiseaux
                                            *femme qui fut transformée
                                            en rossignol, selon la
                                            légende grecque

Est-ce à moi de mourir? Tranquille je m'endors
20 Et tranquille je veille; et ma veille aux remords
    Ni mon sommeil ne sont en proie.
Ma bienvenue au jour me rit dans tous les yeux;
Sur des fronts abattus, mon aspect dans ces lieux
    Ranime presque de la joie.

25 Mon beau voyage encore est si loin de sa fin!
Je pars et des ormeaux* qui bordent le chemin   *jeunes arbres ("elms")
    J'ai passé les premiers à peine.
Au banquet de la vie à peine commencé,
Un instant seulement mes lèvres ont pressé
30   La coupe en mes mains encor pleine.

Je ne suis qu'au printemps. Je veux voir la moisson,
Et comme le soleil, de saison en saison,
    Je veux achever mon année.
Brillante sur ma tige et l'honneur du jardin,
35 Je n'ai vu luire encor que les feux du matin,
    Je veux achever ma journée.

O mort! tu peux attendre; éloigne, éloigne-toi;
Va consoler les cœurs que la honte, l'effroi,
    Le pâle désespoir dévore.
40 Pour moi Palès* encore a des asiles verts,   *déesse latine des pasteurs
Les amours des baisers, les Muses des concerts;
    Je ne veux point mourir encore.»

Ainsi, triste et captif, ma lyre toutefois
S'éveillait, écoutant ces plaintes, cette voix,
45   Ces vœux d'une jeune captive;
Et secouant le faix* de mes jours languissants,   *poids
Aux douces lois des vers je pliais les accents
    De sa bouche aimable et naïve.

Ces chants, de ma prison témoins harmonieux,
50 Feront à quelque amant des loisirs studieux
    Chercher quelle fut cette belle:
La grâce décorait son front et ses discours,
Et comme elle craindront de voir finir leurs jours
    Ceux qui les passeront près d'elle.

(Sous la Terreur)

LA JEUNE CAPTIVE
COMMENTAIRE

Ce poème a été écrit quand Chénier était en prison, attendant d'être guillotiné. Dans la même prison se trouvait une jeune et jolie femme, Aimée de Coigny, elle aussi condamnée à mourir. C'est elle qui est devenue la source d'inspiration de cette oeuvre célèbre. (Mais en fait elle eut plus de chance que Chénier et ne mourut pas sur l'échafaud.)

Les références à l'antiquité sont fréquentes chez cet auteur. Dans ce poème elles ne se limitent pas aux stoïciens, à Philomèle, à Palès et aux Muses. Il y a également des échos directs et indirects des écrits d'Horace, de Pindare, de Tibulle et d'Euripide.

Etudier, dans la complainte de la captive (v. 1-42), les comparaisons et les métaphores qui se rapportent à la nature: voir les vers 1, 2, 8, 11, 12. Ensuite, la vie est comparée à un voyage, puis à un repas. Puis il y a de nouveau des métaphores de la nature. Quel est le ton qui domine dans cette complainte? Est-ce le découragement: "Je ne veux pas mourir encore." (Vers 6 et 42)? Rechercher tous les signes qui montrent que l'espoir n'est pas perdu, que le désir de vivre est plus qu'un désir, c'est une volonté. Commenter l'apostrophe du vers 37.

Dans le commentaire du poète (vers 43-54) le ton est complètement différent. Quels mots, quels vers révèlent que Chénier, lui, n'a pas le même espoir que la captive? Commenter l'anacoluthe du vers 43. La dernière strophe contient une note de galanterie qui a parfois été critiquée comme "déplacée" dans ce contexte. Etes-vous d'accord avec cette critique?

LA JEUNE TARENTINE

Pleurez, doux alcyons*, ô vous, oiseaux sacrés,　*oiseau fabuleux
Oiseaux chers à Thétis*, doux alcyons, pleurez.　*divinité marine (mythologie grecque)
Elle a vécu, Myrto, la jeune Tarentine**　**Habitante de Tarente, port du sud de l'Italie
Un vaisseau la portait aux bords de Camarine***　***port de Sicile
5　Là l'hymen†, les chansons, les flûtes, lentement　† mariage
　Devaient la reconduire au seuil de son amant.
　Une clef vigilante a pour cette journée
　Dans le cèdre enfermé sa robe d'hyménée*　* hymen
　Et l'or dont au festin ses bras seraient parés
10　Et pour ses blonds cheveux les parfums préparés.
　Mais, seule sur la proue*, invoquant les étoiles,　*l'avant d'un bateau
　Le vent impétueux qui soufflait dans les voiles
　L'enveloppe. Étonnée, et loin des matelots,
　Elle crie, elle tombe, elle est au sein des flots.
15　Elle est au sein des flots, la jeune Tarentine.
　Son beau corps a roulé sous la vague marine.
　Thétis, les yeux en pleurs, dans le creux d'un rocher
　Aux monstres dévorants eut soin de le cacher.
　Par ses ordres bientôt les belles Néréides*　*nymphes de la mer
20　L'élèvent au-dessus des demeures humides,
　Le portent au rivage, et dans ce monument
　L'ont, au cap du Zéphyr* déposé mollement.　*cap d'Italie
　Puis de loin à grands cris appelant leurs compagnes,
　Et les Nymphes des bois, des sources, des montagnes,
25　Toutes, frappant leur sein et traînant un long deuil,
　Répétèrent: «Hélas!» autour de son cercueil.
　Hélas! chez ton amant tu n'es point ramenée.
　Tu n'as point revêtu ta robe d'hyménée.
　L'or autour de tes bras n'a point serré de nœuds.
30　Les doux parfums n'ont point coulé sur tes cheveux.

(Bucoliques)

INVOCATION À BACCHUS*

Viens, ô divin Bacchus, ô jeune Thyonée*,
O Dionyse*, Evan*, Iacchus* et Lénée*,
Viens, tel que tu parus aux déserts de Naxos,
Quand tu vins rassurer la fille de Minos*
5 Le superbe éléphant, en proie à ta victoire,
Avait de ses débris formé ton char d'ivoire.
De pampres*, de raisins, mollement enchaînés,
Le tigre aux larges flancs de taches sillonnés,
Et le lynx étoilé, la panthère sauvage
10 Promenaient avec toi ta cour sur ce rivage.
L'or reluisait partout aux axes de tes chars.
Les Ménades* couraient en longs cheveux épars
Et chantaient Evoé, Bacchus, et Thyonée,
Et Dionyse, Evan, Iacchus, et Lénée,
15 Et tout ce que pour toi la Grèce eut de beaux noms.
Et la voix des rochers répétait leurs chansons,
Et le rauque tambour, les sonores cymbales,
Les hautbois tortueux,* et les doubles crotales**
Qu'agitaient en dansant sur ton bruyant chemin
20 Le Faune*, le Satyre* et le jeune Sylvain*,
Au hasard attroupés autour du vieux Silène*
Qui, sa coupe, à la main, de la rive indienne,
Toujours ivre, toujours débile, chancelant,
Pas à pas cheminait sur son âne indolent.

(Bucoliques)

*dieu du vin (mythologie latine)

*fils de Thyone

*nom grec de Bacchus
*surnoms de Bacchus

*Ariane, qui fut abandonnée dans l'île de Naxos

*branche de vigne

*prêtresses du culte de Bacchus

*recourbés
**castagnettes

*divinités des champs
*père des satyres

54

ALPHONSE DE LAMARTINE
(1790-1869)

Né à Mâcon, Alphonse de Lamartine passa son enfance à la campagne. Après une bonne éducation chez les jésuites, il vécut d'abord une vie de riche aristocrate, passant son temps surtout à lire et à écrire. Il se lança ensuite dans la carrière diplomatique et dans la politique. Il voyagea dans divers pays d'Europe, avant d'être élu député. En 1848 il fut membre du gouvernement, mais ensuite perdit sa popularité politique. Il mourut dans la pauvreté.

Son premier recueil, publié en 1820 et intitulé *Méditations poétiques,* lui assura un succès immédiat. Les jeunes écrivains de son époque le considérèrent immédiatement comme leur maître. D'autres publications vinrent en 1830 *(Harmonies),* 1836 *(Jocelyn),* 1838 *(La Chute d'un ange),* etc., mais n'eurent jamais le retentissement des *Méditations.*

Au lecteur moderne, la poésie d'Alphonse de Lamartine paraîtra sans doute quelque peu grandiloquente et oratoire, mais on y trouvera néanmoins une grande profondeur et surtout une sincérité indiscutable. La ferveur religieuse de Lamartine, ses douleurs et ses sentiments sont exprimés d'une façon émouvante qui nous touche encore, après plus d'un siècle. Comme Lamartine lui-même l'a écrit, il a donné à la poésie "les fibres même du coeur de l'homme, touchées et émues par les innombrables frissons de l'âme et de la nature." On ne pourrait mieux résumer les caractéristiques de son oeuvre et de l'école romantique dans son ensemble. La nature est pour lui une confidente à qui il exprime ses douleurs, ses joies et ses aspirations. L'aspiration dominante chez Lamartine est d'ordre religieux et donne à beaucoup de ses oeuvres une spiritualité profonde.

LE LAC

Ainsi, toujours poussés vers de nouveaux rivages,
Dans la nuit éternelle emportés sans retour,
Ne pourrons-nous jamais sur l'océan des âges
    Jeter l'ancre* un seul jour?   *"anchor"

5 O lac! l'année à peine a fini sa carrière,
Et près des flots chéris qu'elle devait revoir,
Regarde! je viens seul m'asseoir sur cette pierre
    Où tu la vis s'asseoir!

Tu mugissais* ainsi sur tes roches profondes;   *criais
10 Ainsi tu te brisais sur leurs flancs déchirés;
Ainsi le vent jetait l'écume* de tes ondes   *"foam"
    Sur ses pieds adorés.

Un soir, t'en souvient-il? nous voguions* en silence;   *"sailing"
On n'entendait au loin, sur l'onde et sous les cieux,
15 Que le bruit des rameurs* qui frappaient en cadence   *"oarsmen"
    Tes flots harmonieux.

Tout à coup des accents inconnus à la terre
Du rivage charmé frappèrent les échos;
Le flot fut attentif, et la voix qui m'est chère
20   Laissa tomber ces mots:

«O temps, suspends ton vol! et vous, heures propices,*   *favorables
    Suspendez votre cours!
Laissez-nous savourer les rapides délices
    Des plus beaux de nos jours!

25 «Assez de malheureux ici-bas vous implorent:
    Coulez, coulez pour eux;
Prenez avec leurs jours les soins* qui les dévorent;   *soucis
    Oubliez les heureux.

«Mais je demande en vain quelques moments encore,
30   Le temps m'échappe et fuit;
Je dis à cette nuit: «Sois plus lente»; et l'aurore
    Va dissiper la nuit.

«Aimons donc, aimons donc! de l'heure fugitive,
    Hâtons-nous, jouissons!
35 L'homme n'a point de port, le temps n'a point de rive,*   *bords
    Il coule, et nous passons!»

Temps jaloux, se peut-il que ces moments d'ivresse,
Où l'amour à longs flots nous verse le bonheur,
S'envolent loin de nous de la même vitesse
40   Que les jours de malheur?

Hé quoi! n'en pourrons-nous fixer au moins la trace?
Quoi! passés pour jamais? quoi! tout entiers perdus?
Ce temps qui les donna, ce temps qui les efface,
      Ne nous les rendra plus?

45 Éternité, néant, passé, sombres abîmes,
Que faites-vous des jours que vous engloutissez?*   *absorbez, avalez
Parlez: nous rendrez-vous ces extases sublimes
      Que vous nous ravissez?*   *enlevez, emportez

O lac! rochers muets! grottes! forêt obscure!
50 Vous que le temps épargne ou qu'il peut rajeunir,
Gardez de cette nuit, gardez, belle nature,
      Au moins le souvenir!

Qu'il soit dans ton repos, qu'il soit dans tes orages,
Beau lac, et dans l'aspect de tes riants coteaux,*   *petites collines
55 Et dans ces noirs sapins, et sur ces rocs sauvages
      Qui pendent sur tes eaux!

Qu'il soit dans le zéphyr* qui frémit** et qui passe,   *vent doux et agréable
Dans les bruits de tes bords par tes bords répétés,   **tremble
Dans l'astre au front d'argent qui blanchit ta surface
60   De ses molles clartés!

Que le vent qui gémit, le roseau qui soupire,
Que les parfums légers de ton air embaumé,*   *parfumé
Que tout ce qu'on entend, l'on voit ou l'on respire,
      Tout dise: «Ils ont aimé!»

           (1817)
      (*Méditations poétiques*, 1820)

LE LAC

COMMENTAIRE

En 1816 le poète fit la connaissance, à Aix-les-Bains sur le lac du Bourget, de Mme Julie Charles, dont il tomba amoureux. Il retourna à Aix l'année suivante mais ne la retrouva pas. La jeune Julie devait bientôt mourir de la tuberculose. Le poète se trouve donc seul avec ses souvenirs au bord du lac qui avait été témoin de son amour.

Le poème se divise clairement en quatre parties:

Première partie: Parlant au lac, le poète pose une question sur le caractère éphémère de la vie.

V. 1-4: Comment les métaphores se rapportent-elles au lieu où se trouve le poète? Quel sentiment est exprimé?

V. 5-8: Quelle intimité est exprimée ici par l'apostrophe et le tutoiement?

V. 9-12: Qu'est-ce qui est suggéré par l'emploi répété du mot "ainsi"? Etudier les sonorités; qu'est-ce qu'elles nous font entendre?

V. 13-16: Noter le contraste avec la strophe qui précède. Montrer que le rythme correspond bien au sens du vers 15. Chercher tout ce qui, dans cette strophe, communique le bonheur. Comment le poète nous fait-il "entendre" le silence?

V. 17-20: Comment le poète donne-t-il à la femme aimée des traits surhumains, même divins? Lamartine avait d'abord écrit (v. 20): "chanta ces tristes mots." La version définitive contient une émotion différente; laquelle?

Deuxième partie: La plainte de la femme aimée, qui reprend le thème de la fuite du temps.

V. 21-24: Commenter l'apostrophe et les métaphores. Quelle émotion exprime la jeune femme?

V. 25-28: A la strophe précédente le temps "volait," ici il "coule." Montrer que ces deux métaphores sont bien adaptées à la situation. Noter l'antithèse entre les malheureux et les heureux.

V. 29-32: Etudier toutes les façons qu'utilise le poète pour nous faire ressentir que cette plainte est tragiquement vaine (vocabulaire, longueur des vers, structure des phrases, rythme, enjambement.

V. 33-36: Noter le ton épicurien de l'exclamation des vers 33-34. Remarquer aussi que cette deuxième partie se termine sur une reprise des métaphores déjà utilisées (par un autre personnage) au début de la première partie.

Troisième partie: Méditation philosophique du poète, qui prolonge la plainte de la jeune femme.

V. 37-40: De qui le temps est-il jaloux? Remarquer ici la fréquence des sonorités liquides ("l"), et le rythme du vers 38, qui s'accordent parfaitement au sens.

V. 41-44: Quelle émotion la ponctuation et le rythme rendent-ils?

V. 45-48: Noter que le "paysage philosophique" n'a pas la même sympathie fraternelle qu'ont les rochers et le lac. Commenter le choix des verbes des vers 46 et 48.

Quatrième partie: Appel passionné, quasi religieux, à la nature, à qui le poète confie ses souvenirs pour l'éternité.

V. 49-52: Comparer le ton de l'apostrophe "O lac!" à celui du même procédé utilisé au vers 5. Quelle différence y a-t-il? Noter le ton confiant du vers 51; par quels moyens cette confiance est-elle exprimée?

V. 53-56: Noter le ton de la strophe. Les adjectifs "beau" et "riants," sont chargés de valeur affective qui s'épanche aux vers qui suivent.

V. 57-60: Par quelles répétitions le poète nous fait-il entendre l'écho? (Quels mots et quelles sonorités?) Noter la périphrase traditionnelle et assez classique du vers 59.

V. 61-64: Noter que l'appel s'est élargi pour inclure l'entièreté de la nature. Montrer que le choix du vocabulaire contribue à créer une ambiance de calme et de résignation presque mystique.

L'ISOLEMENT

Souvent sur la montagne, à l'ombre du vieux chêne,
Au coucher du soleil, tristement je m'assieds;
Je promème au hasard mes regards sur la plaine,
Dont le tableau changeant se déroule a mes pieds.

5 Ici gronde le fleuve aux vagues écumantes,*   *"foaming"
Il serpente, et s'enfonce en un lointain obscur;
Là le lac immobile étend ses eaux dormantes
Où l'étoile du soir se lève dans l'azur.*   *le ciel

Au sommet de ces monts couronnés de bois sombres,
10 Le crépuscule encor jette un dernier rayon;
Et le char vaporeux de la reine des ombres
Monte, et blanchit déjà les bords de l'horizon.

Cependant, s'élançant de la flèche gothique,
Un son religieux se répand dans les airs:
15 Le voyageur s'arrête, et la cloche rustique
Aux derniers bruits du jour mêle de saints concerts.

Mais à ces doux tableaux mon âme indifférente
N'éprouve devant eux ni charme ni transports;
Je contemple la terre ainsi qu'une ombre errante:
20 Le soleil des vivants n'échauffe plus les morts.

De colline en colline en vain portant ma vue,
Du sud à l'aquilon,* de l'aurore au couchant,   *le nord (vent du nord)
Je parcours tous les points de l'immense étendue,
Et je dis: «Nulle part le bonheur ne m'attend.»

25 Que me font ces vallons, ces palais, ces chaumières,*   *petite maison couverte
Vains objets dont pour moi le charme est envolé?   de chaume ("thatch")
Fleuves, rochers, forêts, solitudes si chères,
Un seul être vous manque, et tout est dépeuplé!

Que le tour du soleil ou commence ou s'achève,
30 D'un œil indifférent je le suis dans son cours;
En un ciel sombre ou pur qu'il se couche ou se lève,
Qu'importe le soleil? je n'attends rien des jours.

Quand je pourrais le suivre en sa vaste carrière,
Mes yeux verraient partout le vide et les déserts;
35 Je ne désire rien de tout ce qu'il éclaire;
Je ne demande rien à l'immense univers.

Mais peut-être au-delà des bornes de sa sphère,
Lieux où le vrai soleil éclaire d'autres cieux,
Si je pouvais laisser ma dépouille* à la terre,   *peau, (corps)
40 Ce que j'ai tant rêvé paraîtrait à mes yeux!

Là, je m'enivrerais* à la source où j'aspire;   *deviendrais ivre
Là, je retrouverais et l'espoir et l'amour,
Et ce bien idéal que toute âme désire
Et qui n'a pas de nom au terrestre séjour!

45 Que ne puis-je, porté sur le char de l'Aurore,*   *déesse du matin
Vague objet de mes vœux, m'élancer jusqu'à toi!
Sur la terre d'exil pourquoi resté-je encore?
Il n'est rien de commun entre la terre et moi.

Quand la feuille des bois tombe dans la prairie,
50 Le vent du soir se lève et l'arrache aux vallons;
Et moi, je suis semblable à la feuille flétrie.*   *"faded, withered"
Emportez-moi comme elle, orageux aquilons!
(1818)
(*Méditations poétiques,* 1820)

L'AUTOMNE

Salut, bois couronnés d'un reste de verdure,
Feuillages jaunissants sur les gazons épars*!   *"scattered"
Salut, derniers beaux jours! le deuil de la nature
Convient à la douleur et plaît à mes regards.

5 Je suis d'un pas rêveur le sentier* solitaire;   *chemin
J'aime à revoir encor, pour la dernière fois,
Ce soleil pâlissant, dont la faible lumière
Perce à peine à mes pieds l'obscurité des bois:

Oui, dans ces jours d'automne où la nature expire,
10 A ses regards voilés je trouve plus d'attraits;
C'est l'adieu d'un ami, c'est le dernier sourire
Des lèvres que la mort va fermer pour jamais.

Ainsi, prêt à quitter l'horizon de la vie,
Pleurant de mes longs jours l'espoir évanoui,
15 Je me retourne encore, et d'un regard d'envie
Je contemple ses biens* dont je n'ai pas joui.   *"assets, wealth"

Terre, soleil, vallons, belle et douce nature,
Je vous dois une larme aux bords de mon tombeau;
L'air est si parfumé! la lumière est si pure!
20 Aux regards d'un mourant le soleil est si beau!

Je voudrais maintenant vider jusqu' à la lie*   *"dregs"
Ce calice mêlé de nectar et de fiel:*   *amertume
Au fond de cette coupe où je buvais la vie,
Peut-être restait-il une goutte de miel!

25 Peut-être l'avenir me gardait-il encore
Un retour de bonheur dont l'espoir est perdu!
Peut-être, dans la foule, une âme que j'ignore
Aurait compris mon âme, et m'aurait répondu! . . .

La fleur tombe en livrant ses parfums au zéphire;
30 A la vie, au soleil, ce sont là ses adieux:
Moi, je meurs; et mon âme, au moment qu'elle expire,
S'exhale comme un son triste et mélodieux.

(1819)
(Méditations poétiques, 1820)

ALFRED DE VIGNY
(1797-1863)

La famille d'Alfred de Vigny était d'ancienne noblesse, mais appauvrie lors de la révolution de 1789. Le jeune Alfred grandit dans une atmosphère de regret de l'ancien régime, d'orgueil de son origine noble, et de mépris pour le régime de l'Empire.

Après des études à l'Ecole Polytechnique il devint officier, mais n'eut jamais l'occasion de connaître la gloire militaire. Au contraire, il passa quatorze années ennuyeuses en garnison dans diverses villes de province. Mais chaque fois qu'il en avait l'occasion Vigny retournait à Paris et, tout en étant militaire, il fréquenta beaucoup les salons littéraires. Ses premiers poèmes furent publiés en 1822. Il écrivit aussi un roman historique, adapta en français plusieurs pièces de Shakespeare et écrivit des oeuvres dramatiques, notamment *Chatterton* (1835), qui reste une des meilleures pièces du théâtre romantique français.

Il passa la deuxième moitié de sa vie calmement en ermite. Cependant derrière une façade paisible il y avait un pessimisme profond et une sombre amertume: sa femme devint invalide et aveugle, une liaison avec une actrice fut rompue, son espoir de jouer un rôle politique n'aboutit pas, et l'Académie française le refusa cinq fois avant de l'admettre finalement en 1845.

On considère généralement Alfred de Vigny comme le philosophe de l'école romantique. Sa pensée est à la fois pessimiste et héroïque. "La vérité sur la vie, c'est le désespoir. Il est bon et salutaire de n'avoir aucune espérance" écrivit-il dans son journal. Pour Vigny, Dieu est cruel et jaloux. L'homme souffre. Et puisque l'homme de génie est un être supérieur aux autres, il souffre plus que les autres. Mais Vigny est stoïque et ne capitule pas devant ce désespoir. Il pense que l'homme doit souffrir dans le silence et le mépris. C'est ce que nous ordonne l'orgueil humain. Cet orgueil comporte cependant de la pitié et de l'amour. Vigny voit le triomphe de l'humanité dans l'esprit humain. C'est par l'esprit, c'est-à-dire par la civilisation et le progrès, que l'homme s'élève au-dessus du malheur et de la souffrance.

La réputation de Vigny ne repose pas tant sur cette philosophie que sur l'expression poétique qu'il lui a donnée. Les magnifiques descriptions d'atmosphère, l'harmonie de l'expression poétique et, par-dessus tout, l'emploi de symboles, contribuent à faire sentir au lecteur ces profondes angoisses philosophiques qui étaient celles de Vigny, mais que tout homme peut saisir.

Les principales oeuvres poétiques de Vigny sont: *Poèmes antiques et modernes* (1826) et *Destinées* (1864).

LE COR* *horn

J'aime le son du Cor, le soir, au fond des bois,
Soit qu'il chante les pleurs de la biche* aux abois,** *"doe" **"at bay"
Ou l'adieu du chasseur que l'écho faible accueille,
Et que le vent du nord porte de feuille en feuille.

5 Que de fois, seul, dans l'ombre à minuit demeuré,
J'ai souri de l'entendre, et plus souvent pleuré!
Car je croyais ouïr* de ces bruits prophétiques *entendre
Qui précédaient la mort des Paladins* antiques. *chevaliers

Ô montagne d'azur! ô pays adoré!
10 Rocs de la Frazona,* cirque du Marboré,** *pic des Pyrénées **bassin dans les Pyrénées
Cascades qui tombez des neiges entraînées,
Sources, gaves,* ruisseaux, torrents des Pyrénées; *torrent

Monts gelés et fleuris, trône des deux saisons,
Dont le front est de glace et le pied de gazons!
15 C'est là qu'il faut s'asseoir, c'est là qu'il faut entendre
Les airs lointains d'un Cor mélancolique et tendre.

Souvent un voyageur, lorsque l'air est sans bruit,
De cette voix d'airain* fait retenir la nuit; *bronze
A ses chants cadencés autour de lui se mêle
20 L'harmonieux grelot* du jeune agneau** qui bêle. *petite cloche **jeune mouton *"doe"

Une biche* attentive, au lieu de se cacher,
Se suspend immobile au sommet du rocher,
Et la cascade unit, dans une chute immense,
Son éternelle plainte au chant de la romance.

25 Ames des Chevaliers, revenez-vous encor?
Est-ce vous qui parlez avec la voix du Cor?
Roncevaux*! Roncevaux! dans ta sombre vallée *Village dans les Pyrénées, où l'armée de Charlemagne fut battue en 778.
L'ombre du grand Roland* n'est donc pas consolée! *officier de l'armée de Charlemagne

II

Tous les preux* étaient morts, mais aucun n'avait fui. *hommes braves
30 Il reste seul debout, Olivier* près de lui; *officier de l'armée de Charlemagne
L'Afrique* sur les monts l'entoure et tremble encore. *les soldats d'Afrique
«Roland, tu vas mourir, rends-toi, criait le More*; *"Moor"

Tous tes pairs* sont couchés dans les eaux des torrents.» *seigneurs
Il rugit* comme un tigre, et dit: «Si je me rends, *crie
35 Africain, ce sera lorsque les Pyrénées
Sur l'onde avec leurs corps rouleront entraînées.»

64

—«Rends-toi donc, répond-il, ou meurs, car les voilà.»
Et du plus haut des monts un grand rocher roula.
Il bondit, il roula jusqu'au fond de l'abîme,*   *trou
40 Et de ses pins, dans l'onde, il vint briser la cime.*   *sommet

— «Merci, cria Roland; tu m'as fait un chemin.»
Et jusqu'au pied des monts le roulant d'une main,
Sur le roc affermi comme un géant s'élance,
Et, prête à fuir, l'armée à ce seul pas balance*.   *hésite

III

45 Tranquilles cependant, Charlemagne* et ses preux   *roi des Francs, empereur
Descendaient la montagne et se parlaient entre eux.   d'Occident (742-814)
A l'horizon déjà, par leurs eaux signalées,
De Luz* et d'Argelès* se montraient les vallées.   *villes des Pyrénées

L'armée applaudissait. Le luth du troubadour
50 S'accordait pour chanter les saules* de l'Adour,**   *"willows"
Le vin français coulait dans la coupe étrangère;   **Fleuve des Pyrénées
Le soldat, en riant, parlait à la bergère.*   *femme qui garde les
                                                        moutons
Roland gardait les monts; tous passaient sans effroi.*   *peur
Assis nonchalamment sur un noir palefroi*   *cheval
55 Qui marchait revêtu de housses* violettes,   *couverture
Turpin* disait, tenant les saintes amulettes**·   *archevêque français
                                                       **"charms"
«Sire, on voit dans le ciel des nuages de feu;
Suspendez votre marche; il ne faut tenter Dieu.
Par monsieur saint Denis, certes ce sont des âmes
60 Qui passent dans les airs sur ces vapeurs de flammes.

Deux éclairs ont relui,* puis deux autres encor.»   *brillé
Ici l'on entendit le son lointain du Cor. —
L'Empereur étonné, se jetant en arrière,
Suspend du destrier* la marche aventurière   *cheval

65 «Entendez-vous? dit-il. — Oui, ce sont des pasteurs
Rappelant les troupeaux* épars* sur les hauteurs,   *"herd"
Répondit l'archevêque, ou la voix étouffée   *"scattered"
Du nain vert Obéron* qui parle avec sa Fée.»   *génie de l'air

Et l'Empereur poursuit; mais son front soucieux
70 Est plus sombre et plus noir que l'orage des cieux.
Il craint la trahison, et, tandis qu'il y songe,
Le Cor éclate et meurt, renaît et se prolonge.

65

«Malheur! c'est mon neveu! malheur! car, si Roland
Appelle à son secours, ce doit être en mourant.
75 Arrière, chevaliers, repassons la montagne!
Tremble encor sous nos pieds, sol trompeur de l'Espagne!»

IV

Sur le plus haut des monts s'arrêtent les chevaux;
L'écume* les blanchit; sous leurs pieds, Roncevaux   *"froth"
Des feux mourants du jour à peine se colore.
80 A l'horizon lointain fuit l'étendard* du More.   *drapeau

«Turpin, n'as-tu rien vu dans le fond du torrent?
—J'y vois deux chevaliers; l'un mort, l'autre expirant.
Tous deux sont écrasés sous une roche noire;
Le plus fort, dans sa main, élève un Cor d'ivoire,
85 Son âme en s'exhalant nous appela deux fois.»

Dieu! que le son du Cor est triste au fond des bois!
                        (*Poèmes antiques et modernes,* 1826)
                        (Manuscrit, 1825)

LA MORT DU LOUP

I

Les nuages couraient sur la lune enflammée
Comme sur l'incendie on voit fuir la fumée,
Et les bois étaient noirs jusques à l'horizon.
Nous marchions, sans parler, dans l'humide gazon,*   *herbe courte
5 Dans la bruyère* épaisse, et dans les hautes brandes,*   *"heather"
Lorsque, sous des sapins pareils à ceux des Landes,**   **région du sud-ouest de la France
Nous avons aperçu les grands ongles marqués
Par les loups voyageurs que nous avions traqués.*   *poursuivis
Nous avons écouté, retenant notre haleine
10 Et le pas suspendu. — Ni le bois ni la plaine
Ne poussait un soupir dans les airs; seulement
La girouette* en deuil criait au firmament;   *"weathervane"
Car le vent, élevé bien au-dessus des terres,
N'effleurait de ses pieds que les tours solitaires,
15 Et les chênes d'en bas, contre les rocs penchés,
Sur leurs coudes semblaient endormis et couchés.
Rien ne bruissait* donc, lorsque, baissant la tête,   *faisait du bruit
Le plus vieux des chasseurs qui s'étaient mis en quête
A regardé le sable en s'y couchant; bientôt,
20 Lui que jamais ici l'on ne vit en défaut,
A déclaré tout bas que ces marques récentes
Annonçaient la démarche et les griffes puissantes
De deux grands loups-cerviers* et de deux louveteaux**   *"lynx"
                                                          **"wolf-cubs"
Nous avons tous alors préparé nos couteaux,
25 Et, cachant nos fusils et leurs lueurs trop blanches,
Nous allions pas à pas en écartant les branches.
Trois s'arrêtent, et moi, cherchant ce qu'ils voyaient,
J'aperçois tout à coup deux yeux qui flamboyaient,
Et je vois au delà quatre formes légères
30 Qui dansaient sous la lune au milieu des bruyères,
Comme font chaque jour, à grand bruit sous nos yeux,
Quand le maître revient, les lévriers* joyeux.   *chiens de chasse
Leur forme était semblable et semblable la danse;
Mais les enfants du Loup se jouaient en silence,
35 Sachant bien qu'à deux pas, ne dormant qu'à demi,
Se couche dans ses murs l'homme, leur ennemi.
Le père était debout, et plus loin, contre un arbre,
Se louve* reposait, comme celle de marbre   *loup femelle
Qu' adoraient les Romains, et dont les flancs velus

67

40 Couvaient les demi-dieux Rémus et Romulus.*   *deux frères, fondateurs
   Le Loup vient et s'assied, les deux jambes dressées,   légendaires de Rome
   Par leurs ongles crochus dans le sable enfoncées.
   Il s'est jugé perdu, puisqu'il était surpris,
   Sa retraite coupée et tous ses chemins pris,
45 Alors il a saisi, dans sa gueule* brûlante,   *bouche
   Du chien le plus hardi la gorge* pantelante,**   *"throat"
   Et n'a pas desserré ses mâchoires* de fer,   **palpitante
                                                  *"jaws"
   Malgré nos coups de feu, qui traversaient sa chair,
   Et nos couteaux aigus qui, comme des tenailles,*   *"pincers"
50 Se croisaient en plongeant dans ses larges entrailles,
   Jusqu' au dernier moment où le chien étranglé,
   Mort longtemps avant lui, sous ses pieds a roulé.
   Le Loup le quitte alors et puis il nous regarde.
   Les couteaux lui restaient au flanc jusqu'à la garde,*   *"hilt"
55 Le clouaient au gazon tout baigné dans son sang;
   Nos fusils l'entouraient en sinistre croissant.
   Il nous regarde encore, ensuite il se recouche,
   Tout en léchant* le sang répandu sur sa bouche,   *"licking"
   Et, sans daigner savoir comment il a péri,
60 Refermant ses grands yeux, meurt sans jeter un cri.

II

   J'ai reposé mon front sur mon fusil sans poudre,
   Me prenant à penser, et n'ai pu me résoudre
   A poursuivre sa Louve et ses fils, qui, tous trois
   Avaient voulu l'attendre, et, comme je le crois,
65 Sans ses deux louveteaux, la belle et sombre veuve
   Ne l'eût pas laissé seul subir la grande épreuve;
   Mais son devoir était de les sauver, afin
   De pouvoir leur apprendre à bien souffrir la faim,
   A ne jamais entrer dans le pacte des villes
70 Que l'homme a fait avec les animaux serviles
   Qui chassent devant lui, pour avoir le coucher,
   Les premiers possesseurs du bois et du rocher.

III

   Hélas! ai-je pensé, malgré ce grand nom d'Hommes,
   Que j'ai honte de nous, débiles que nous sommes!
75 Comment on doit quitter la vie et tous ses maux,
   C'est vous qui le savez, sublimes animaux.

A voir ce que l'on fut sur terre et ce qu'on laisse,
Seul le silence est grand; tout le reste est faiblesse.
—Ah! je t'ai bien compris, sauvage voyageur,
80 Et ton dernier regard m'est allé jusqu'au cœur.
Il disait: «Si tu peux, fais que ton âme arrive,
A force de rester studieuse et pensive,
Jusqu'à ce haut degré de stoïque fierté
Où, naissant dans les bois, j'ai tout d'abord monté.
85 Gémir, pleurer, prier, est également lâche.
Fais énergiquement ta longue et lourde tâche
Dans la voie où le sort a voulu t'appeler,
Puis, après, comme moi, souffre et meurs sans parler.»

(*Les Destinées*, 1864)
(Première publication, 1843)
(Manuscrit, 1838)

LA MORT DU LOUP

COMMENTAIRE

Poème typique de Vigny, qui utilise un symbole pour exprimer une pensée philosophique profondément sentie. La description de la scène et le récit de la mort du loup captivent l'intérêt du lecteur avant de lui présenter le développement philosophique.

Première partie:

(Vers 1-26) Par quels éléments est créée l'atmosphère (vocabulaire, comparaison, rythme)? Montrer que la ponctuation du vers 10 s'accorde au sens. Comment le poète rend-il le silence? Commenter la personnification des vers 10 à 16.

(Vers 27-40) (Remarque: au vers 29, les "quatre formes" sont les deux louveteaux et leurs ombres.) Noter le rythme du vers 27. Commenter les mots qui décrivent ce que font les loups (v. 30-34). Un loup "danse"-t-il vraiment? Quelle impression le choix de ce terme communique-t-il? Pourquoi et comment le poète rend-il les loups semblables aux hommes? Qu'est-ce qui est ajouté par la comparaison de vers 38 à 40?

(Vers 41-60) Par quels mots a-t-on appris que le loup était surpris? De quelle façon le poète fait-il sentir cette surprise également au lecteur? Commenter les catachrèses des vers 47 et 55. Que penser de l'attitude du loup devant la mort (V. 57-60)?

Deuxième partie:

Le chasseur se prend à méditer sur ce qu'il vient de voir. Le ton de cette partie a-t-il été annoncé à la fin de la première partie? Noter encore l'effet de l'assimilation des loups aux hommes. Quel est le "pacte des villes"? Quels sont les "animaux serviles"? Est-ce là le terme que l'on emploie habituellement? Pourquoi Vigny a-t-il choisi cet adjectif? Quelle est la valeur de la périphrase du vers 72? Quel est le sujet de la méditation de cette deuxième partie?

Troisième partie:

Quel est le but de cette partie? Sur quoi porte la méditation de cette partie? Quelle philosophie le poète préconise-t-il? Noter le premier mot du vers 73; quel ton établit-il? Etudier l'antithèse du vers 77. Quel est l'effet de l'apostrophe qui commence au vers 79? Noter les impératifs (vers 81, 86, 88). Quelle valeur donnent-ils aux paroles du loup — et du poète? Que pense le poète de la condition humaine? Comment pouvons-nous nous élever au-dessus de notre condition?

LES DESTINÉES

Depuis le premier jour de la création,
Les pieds lourds et puissants de chaque Destinée
Pesaient sur chaque tête et sur toute action.

Chaque front se courbait et traçait sa journée*,   *travail d'une journée
5 Comme le front d'un bœuf creuse un sillon* profond   *"furrow"
Sans dépasser la pierre où sa ligne est bornée.

Ces froides déités liaient le joug* de plomb   *"yoke"
Sur le crâne et les yeux des hommes leurs esclaves,
Tous errants, sans étoile, en un désert sans fond;

10 Levant avec effort leurs pieds chargés d'entraves,*   *"shackle"
Suivant le doigt d'airain* dans le cercle fatal,   *bronze
Le doigt des Volontés inflexible et graves.

Tristes divinités du monde oriental,
Femmes au voile blanc, immuables statues,
15 Elles nous écrasaient de leur poids colossal.

Comme un vol de vautours* sur le sol abattues,   *oiseaux de proie
Dans un ordre éternel, toujours en nombre égal
Aux têtes des mortels sur la terre épandues,

Elles avaient posé leur ongle sans pitié
20 Sur les cheveux dressés des races éperdues,
Traînant la femme en pleurs et l'homme humilié.

Un soir, il arriva que l'antique planète
Secoua sa poussière. — Il se fit un grand cri:
«Le Sauveur est venu, voici le jeune athlète;

25 «Il a le front sanglant et le côté meurtri,*   *blessé
Mais la Fatalité meurt au pied du Prophète;
La Croix monte et s'étend sur nous come un abri!»

Avant l'heure où, jadis, ces choses arrivèrent,
Tout homme était courbé, le front pâle et flétri;*   *"faded"
30 Quand ce cri fut jeté, tous ils se relevèrent.

Détachant les nœuds lourds du joug de plomb du Sort,
Toutes les nations à la fois s'écrièrent:
«O Seigneur! est-il vrai? le Destin est-il mort?»

Et l'on vit remonter vers le ciel, par volées,
35 Les filles du Destin, ouvrant avec effort
Leurs ongles qui pressaient nos races désolées;

Sous leur robe aux longs plis voilant leurs pieds d'airain,
Leur main inexorable et leur face inflexible;
Montant avec lenteur en innombrable essaim,* *"swarm"

40 D'un vol inaperçu, sans ailes, insensible,
Comme apparaît au soir, vers l'horizon lointain,
D'un nuage orageux l'ascension paisible.

— Un soupir de bonheur sortit du cœur humain;
La terre frissonna dans son orbite immense,
45 Comme un cheval frémit délivré de son frein.* *"bit"

Tous les astres émus restèrent en silence,
Attendant avec l'Homme, en la même stupeur,
Le suprême décret de la Toute-Puissance,

Quand ces filles du Ciel, retournant au Seigneur,
50 Comme ayant retrouvé leurs régions natales,
Autour de Jéhovah se rangèrent en chœur,

D'un mouvement pareil levant leurs mains fatales,
Puis chantant d'une voix leur hymne de douleur,
Et baissant à la fois leurs fronts calmes et pâles:

55 «Nous venons demander la Loi de l'avenir.
Nous sommes, ô Seigneur, les froides Destinées
Dont l'antique pouvoir ne devait point faillir.

«Nous roulions sous nos doigts les jours et les années:
Devons-nous vivre encore ou devons-nous finir,
60 Des Puissances du ciel, nous, les fortes aînées?

«Vous détruisez d'un coup le grand piège* du Sort *"snare"
Où tombaient tour à tour les races consternées.
Faut-il combler la fosse* et briser le ressort**? *trou
                                                    **"spring"

«Ne mènerons-nous plus ce troupeau faible et morne,
65 Ces hommes d'un moment, ces condamnés à mort,
Jusqu'au bout du chemin dont nous posions la borne?

«Le moule* de la vie était creusé par nous. *"mold, matrix"
Toutes les passions y répandaient leur lave,
Et les événements venaient s'y fondre tous.

70 «Sur les tables d'airain où notre loi se grave,
Vous effacez le nom de la FATALITÉ,
Vous déliez les pieds de l'homme notre esclave.

«Qui va porter le poids dont s'est épouvanté* *effrayé
Tout ce qui fut créé? ce poids sur la pensée,
75 Dont le nom est en bas: RESPONSABILITÉ?»

Il se fit un silence, et la terre affaissée*   *accablée
S'arrêta comme fait la barque sans rameurs*   *"oarsmen"
Sur les flots orageux, dans la nuit balancée.

Une voix descendit, venant de ces hauteurs
80 Où s'engendrent, sans fin, les mondes dans l'espace;
Cette voix de la terre emplit les profondeurs:

«Retournez en mon nom, Reines, je suis la Grâce.
L'homme sera toujours un nageur incertain
Dans les ondes du temps qui se mesure et passe.

85 «Vous toucherez son front, ô filles du Destin!
Son bras ouvrira l'eau, qu'elle soit haute ou basse,
Voulant trouver sa place et deviner sa fin.

«Il sera plus heureux, se croyant maître et libre,
En luttant contre vous dans un combat mauvais
90 Où moi seule, d'en haut, je tiendrai l'équilibre.

«De moi naîtra son souffle et sa force à jamais.
Son métier est le mien, sa loi perpétuelle:
Faire ce que je veux pour venir où JE SAIS.»

Et le chœur descendit vers sa proie éternelle
95 Afin d'y ressaisir sa domination
Sur la race timide, incomplète et rebelle.

On entendit venir la sombre Légion
Et retomber les pieds des femmes inflexibles,
Comme sur nos caveaux tombe un cercueil de plomb.

100 Chacune prit chaque homme en ses mains invisibles;
Mais, plus forte à présent dans ce sombre duel,
Notre âme en deuil combat ces Esprits impassibles.*   *"impassive"

Nous soulevons parfois leur doigt faux et cruel.
La volonté transporte à des hauteurs sublimes
105 Notre front éclairé par un rayon du ciel.

Cependant sur nos caps, sur nos rocs, sur nos cimes,*   *sommets
Leur doigt rude et fatal se pose devant nous,
Et, d'un coup, nous renverse au fond des noirs abîmes.

Oh! dans quel désespoir nous sommes encor tous!
110 Vous avez élargi le COLLIER qui nous lie,
Mais qui donc tient la chaîne? — Ah! Dieu juste, est-ce vous?

Arbitre libre et fier des actes de sa vie,
Si notre cœur s'entr'ouvre au parfum des vertus,
S'ils s'embrase à l'amour, s'il s'élève au génie,

115 Que l'ombre des Destins, Seigneur, n'oppose plus
A nos belles ardeurs une immuable* entrave,   *qui ne change pas
A nos efforts sans fin des coups inattendus!

O sujet d'épouvante* à troubler le plus brave!   *terreur
Question sans réponse où vos saints se sont tus!
120 O mystère! ô tourment de l'âme forte et grave!

Notre mot éternel est-il: C'ÉTAIT ÉCRIT?
SUR LE LIVRE DE DIEU, dit l'Orient esclave;
Et l'Occident répond: SUR LE LIVRE DU CHRIST.

(*Les Destinées*, 1864)
(Manuscrit, 1849)

VICTOR HUGO
(1802-1885)

Né à Besançon, fils d'un officier des armées napoléoniennes, Victor Hugo passa son enfance en Italie, en Corse, en Espagne, à Paris puis en province. Très tôt, il décida de devenir écrivain: dès dix-sept ans il fonda une revue littéraire, et à vingt ans il publia ses premières oeuvres poétiques. Talent prolifique, il ne tarda pas à écrire un nombre considérable de poésies de toutes sortes, de romans d'aventure et de pièces de théâtre (dont notamment "Hernani" qui, en février 1830, causa une célèbre bataille littéraire et assura le triomphe de l'école romantique et la gloire de son auteur.)

Tempérament fougueux, esprit créateur, Hugo s'intéressa à toutes les questions de l'heure; problèmes philosophiques, sociaux, religieux et politiques l'absorbaient. Hugo était partout, s'occupait de tout. En 1841 il fut élu à l'Académie française. Sa vie privée fut presque aussi tourmentée que sa vie publique; en 1833, il s'éprit d'une jeune actrice, Juliette Drouet, avec qui il resta lié pendant près de cinquante ans, tout en observant cependant les convenances matrimoniales.

L'année 1843 lui apporta une douleur atroce: la mort, dans un accident de bateau, sur la Seine, de sa fille aînée Léopoldine que le poète idolâtrait. Profondément bouleversé, Hugo ne publia rien pendant près de dix ans.

Il s'engagea dans la vie politique et fut élu membre de l'Assemblée législative. Mais en 1851, après un coup d'état il fut expulsé et dut vivre en exil, d'abord en Belgique, puis dans l'île de Jersey et enfin à Guernesey. Pendant ces années d'exil il produisit une oeuvre abondante, qui comprend notamment les recueils poétiques "Les Contemplations" (1856) et "La Légende des siècles" (1859), ainsi que le célèbre roman "Les Misérables" (1862). Ce n'est qu'en 1870, après la proclamation de la Troisième République que Victor Hugo put faire sa rentrée triomphale à Paris. Il passa alors à Paris ses années de vigoureuse vieillesse, écrivant sans interruption une foule d'oeuvres de toutes sortes. A sa mort, la France lui fit des funérailles nationales.

La carrière littéraire de Victor Hugo peut se diviser en deux parties. Avant 1843, il fut avant tout le grand novateur et le chef de l'école romantique. Il libéra la poésie en lui apportant des sonorités nouvelles, des couleurs et des rythmes nouveaux; il déplaça la césure de l'alexandrin quand il le jugea bon, et assouplit le vers par un judicieux emploi de l'enjambement. Mais c'est surtout par son lyrisme que Victor Hugo renouvela la poésie; il ouvrit son âme, transforma en poésie toutes ses sensations, toutes ses émotions, tous ses rêves.

A partir de 1843, Hugo commença à mettre au point sa conception du poète comme penseur, comme porte-drapeau et porte-parole de l'humanité. Il se considérait comme un historien, un philosophe et un interprète des événements et du monde qui l'entouraient. Génie colossal, mais vaniteux, Hugo ne craignit pas, quand l'occasion se présentait, de faire la leçon à tout le monde, même à Dieu (Voir "A Villequier"). Monument gigantesque et personnage légendaire déjà de son vivant, Hugo domina le dix-neuvième siècle français. Jamais il ne douta du rôle central que lui avait confié le Créateur; dès l'âge de 29 ans, il écrivait déjà:

«Mon âme aux mille voix, que le Dieu que j'adore
Mit au centre de tout comme un écho sonore.»
("Ce siècle avait deux ans", 1831)

RÊVERIE

Oh! laissez-moi! c'est l'heure où l'horizon qui fume
Cache un front inégal sous un cercle de brume,
L'heure où l'astre géant rougit et disparaît.
Le grand bois jaunissant dore seul la colline:
5 On dirait qu'en ces jours où l'automne décline,
Le soleil et la pluie ont rouillé la forêt.

Oh! qui fera surgir soudain, qui fera naître,
Là-bas, — tandis que seul je rêve à la fenêtre
Et que l'ombre s'amasse au fond du corridor,
10 Quelque ville mauresque*, éclatante, inouie,   *arabe
Qui, comme la fusée en gerbe épanouie,
Déchire ce brouillard avec ses flèches d'or!

Qu'elle vienne inspirer, ranimer, ô génies!
Mes chansons, comme un ciel d'automne rembrunies,* *(figuré) assombries,
15 Et jeter dans mes yeux son magique reflet,   attristées
Et longtemps, s'éteignant en rumeurs étouffées,
Avec les mille tours de ses palais de fées,
Brumeuse, denteler l'horizon violet!

(1828)

ELLE AVAIT PRIS CE PLI . . .

Elle avait pris ce pli* dans son âge enfantin   *cette habitude
De venir dans ma chambre un peu chaque matin;
Je l'attendais ainsi qu'un rayon qu'on espère;
Elle entrait, et disait: Bonjour, mon petit père;
5 Prenait ma plume, ouvrait mes livres, s'asseyait
Sur mon lit, dérangeait mes papiers, et riait,
Puis soudain s'en allait comme un oiseau qui passe.
Alors, je reprenais, la tête un peu moins lasse,
Mon oeuvre interrompue, et, tout en écrivant,
10 Parmi mes manuscrits je rencontrais souvent
Quelque arabesque folle et qu'elle avait tracée,
Et mainte page blanche entre ses mains froissée*   *chiffonnée
Où, je ne sais comment, venaient mes plus doux vers.
Elle aimait Dieu, les fleurs, les astres, les prés verts,
15 Et c'était un esprit avant d'être une femme.
Son regard reflétait la clarté de son âme.
Elle me consultait sur tout à tous moments.
Oh! que de soirs d'hiver radieux* et charmants   *heureux
Passés à raisonner langue, histoire et grammaire,
20 Mes quatre enfants groupés sur mes genoux, leur mère
Tout près, quelques amis causant au coin du feu!
J'appelais cette vie être content de peu!
Et dire qu'elle est morte! Hélas! que Dieu m'assiste!
Je n'étais jamais gai quand je la sentais triste;
25 J'étais morne au milieu du bal le plus joyeux
Si j'avais, en partant, vu quelque ombre en ses yeux.

(Les Contemplations, 1856)
(Manuscrit: 1846)

ELLE AVAIT PRIS CE PLI...

COMMENTAIRE

Evocation de souvenirs heureux; la tristesse, cependant, se cache derrière cette apparence de bonheur. Où et comment apparaît-elle?

Remarquer le choix de comparaisons (v. 3,7); de quels attributs dotent-elles l'enfant? Montrer que l'enjambement des vers 5-6 s'accorde à l'action décrite. Remarquer l'alternance des objets mentionnés dans l'énumération du vers 14; quel effet cela crée-t-il? Rechercher les termes qui indiquent que le poète idéalise l'enfant.

Remarquer le changement qui intervient à partir du vers 18: dans les 17 premiers vers, quel personnage est le centre de gravité, le point d'attraction? Dans les vers 18 à 26, qui est devenu le personnage principal? Quel est le point de convergence des sentiments? Remarquer le changement dans le rythme et la ponctuation, surtout au vers 23.

Commenter la fin assez abrupte du poème. Pourquoi le poète n'a-t-il pas continué à se remémorer la chère disparue? Quels sont les sentiments du narrateur dans les diverses parties de l'oeuvre?

DEMAIN, DÈS L'AUBE. . .

Demain, dès l'aube, à l'heure où blanchit la campagne,
Je partirai. Vois-tu, je sais que tu m'attends.
J'irai par la forêt, j'irai par la montagne.
Je ne puis demeurer loin de toi plus longtemps.

5 Je marcherai les yeux fixés sur mes pensées.
Sans rien voir au dehors, sans entendre aucun bruit,
Seul, inconnu, le dos courbé, les mains croisées,
Triste, et le jour pour moi sera comme la nuit.

Je ne regarderai ni l'or du soir qui tombe,
10 Ni les voiles au loin descendant vers Harfleur,*   *ville près du Havre.
Et quand j'arriverai, je mettrai sur ta tombe
Un bouquet de houx* vert et de bruyère** en fleur.   *"holly" **"heather"

(*Les Contemplations,* 1856)
(Manuscrit: 1847)

DEMAIN, DÈS L'AUBE . . .

COMMENTAIRE

Voici un court poème d'une extrême simplicité: le vocabulaire aussi bien que la structure en sont d'une grande sobriété, bien aptes à exprimer des sentiments profonds et authentiques.

Première strophe: Qui parle? A qui parle le narrateur, et quel pronom utilise-t-il? Quelle impression est créée par ce choix? Noter le moment de départ du voyageur. Préciser le ton du vers 2 et du vers 4. Noter la répétition du pronom "je"; que nous indique cette répétition? Commenter le rejet au vers 2.

Deuxième strophe: Les deux premiers mots de la strophe la rattachent à la première strophe; comment? Pourquoi le voyageur ne verra-t-il pas le paysage extérieur? Quelle impression nous communique l'attitude physique du voyageur? Rechercher tous les termes négatifs; quel ton communiquent-ils? Comment le mot "triste" est-il mis en valeur? A quel moment de la journée sommes-nous maintenant? Etudier le rythme de la strophe, et dire quelle impression il rend. Commenter la comparaison du vers 8, et en conclure la profondeur de l'émotion du narrateur. Comment est rendu le changement de ton, par rapport à la première strophe?

Troisième strophe: Par quel moyen cette strophe est-elle rattachée à la précédente? Combien de temps dure le voyage? A quel moment du jour le narrateur arrive-t-il à sa destination? A quel vers cette destination est-elle révélée? Pourquoi le poète a-t-il attendu si longtemps pour la révéler? Etudier encore le rythme de la strophe, et montrer qu'il est bien conforme à l'atmosphère exprimée. Que penser du choix de fleurs que le poète met sur la tombe?

Quel titre pourrait-on donner à ce poème?

MORS*

Je vis cette faucheuse.* Elle était dans son champ.
Elle allait à grands pas moissonnant et fauchant,
Noir squelette laissant passer le crépuscule.
Dans l'ombre où l'on dirait que tout tremble et recule,
5 L'homme suivait des yeux les lueurs de la faulx.*
Et les triomphateurs sous les arcs triomphaux
Tombaient; elle changeait en désert Babylone,
Le trône en échafaud et l'échafaud en trône,
Les roses en fumier,* les enfants en oiseaux,
10 L'or en cendre, et les yeux des mères en ruisseaux.
Et les femmes criaient: —Rends-nous ce petit être.
Pour le faire mourir, pourquoi l'avoir fait naître? —
Ce n'était qu'un sanglot sur terre, en haut, en bas;
Des mains aux doigts osseux sortaient des noirs grabats;*
15 Un vent froid bruissait dans les linceuls* sans nombre;
Les peuples éperdus semblaient sous la faulx sombre
Un troupeau frissonnant qui dans l'ombre s'enfuit;
Tout était sous ses pieds deuil, épouvante et nuit.
Derrière elle, le front baigné de douces flammes,
20 Un ange souriant portait la gerbe* d'âmes.

(*Les Contemplations*, 1856)
(Manuscrit, 1854)

*la mort (latin)

*femme qui coupe les foins

*"scythe"

*"manure"

*lits misérables
*"shrouds"

*"sheaf"

83

MORS

COMMENTAIRE

Ce poème est comme un tableau. L'auteur exprime ici l'idée que la mort est universelle et inévitable; sa souffrance personnelle fait place à une envolée plus large et plus philosophique.

Remarquer le premier mot. Apprécier l'importance de l'adjectif possessif "son" au premier vers. Montrer que le rythme et les sonorités des vers 2 et 3 rendent bien le ton qui correspond au sens des mots. Egalement, noter tous les termes des vers 3 et 4 qui contribuent à créer l'atmosphère.

Noter (v. 5): le "Je" a fait place à "l'homme". Apprécier l'effet du rejet au vers 7. Etudier l'énumération des vers 7-10; qu'est-ce qu'elle exprime? Noter l'arrière-fond de souffrance personnelle dans les vers 11-12. Quelle impression crée la comparaison des vers 16-17? Remarquer maintenant que "l'homme" a fait place à "les peuples".

Comment les deux derniers vers transforment-ils complètement le poème? Quels termes contribuent à modifier l'atmosphère? Que peut-on conclure sur les croyances de l'auteur, d'après ce poème?

PAROLES SUR LA DUNE

Maintenant que mon temps décroît comme un flambeau,
    Que mes tâches sont terminées;
Maintenant que voici que je touche au tombeau
    Par les deuils et par les années,

5 Et qu'au fond de ce ciel que mon essor* rêva,   *élan, envol
    Je vois fuir, vers l'ombre entraînées,
Comme le tourbillon* du passé qui s'en va,   *"whirlwind"
    Tant de belles heures sonnées;

    Maintenant que je dis:—Un jour, nous triomphons;
10   Le lendemain, tout est mensonge! —
Je suis triste, et je marche au bord des flots profonds,
    Courbé comme celui qui songe.

    Je regarde, au-dessus du mont et du vallon,
    Et des mers sans fin remuées,
15 S'envoler, sous le bec du vautour aquilon,*   *vent du nord
    Toute la toison* des nuées;   *chevelure

    J'entends le vent dans l'air, la mer sur le récif,*   *rocher au bord
    L'homme liant la gerbe* mûre;   de la mer
J'écoute, et je confronte en mon esprit pensif   *"sheaf"
20   Ce qui parle à ce qui murmure;

    Et je reste parfois couché sans me lever
    Sur l'herbe rare de la dune,
Jusqu'à l'heure où l'on voit apparaître et rêver
    Les yeux sinistres de la lune.

25 Elle monte, elle jette un long rayon dormant
    A l'espace, au mystère, au gouffre;*   *abîme, précipice
Et nous nous regardons tous les deux fixement,
    Elle qui brille et moi qui souffre.

    Où donc s'en sont allés mes jours évanouis?
30   Est-il quelqu'un qui me connaisse?
Ai-je encor quelque chose en mes yeux éblouis,
    De la clarté de ma jeunesse?

    Tout s'est-il envolé? Je suis seul, je suis las;
    J'appelle sans qu'on me réponde;
35 O vents! ô flots! ne suis-je aussi qu'un souffle, hélas!
    Hélas! ne suis-je aussi qu'une onde?*   *eau

85

Ne verrai-je plus rien de tout ce que j'aimais?
           Au dedans de moi le soir tombe.
     O terre, dont la brume*efface les sommets,   *le brouillard
40   Suis-je le spectre, et toi la tombe?

     Ai-je donc vidé tout, vie, amour, joie, espoir?
           J'attends, je demande, j'implore;
     Je penche tour à tour mes urnes pour avoir
           De chacune une goutte encore!

45 Comme le souvenir est voisin du remord!
           Comme à pleurer tout nous ramène!
     Et que je te sens froide en te touchant, ô mort!
           Noir verrou*de la porte humaine!   *"bolt"

     Et je pense, écoutant gémir le vent amer,
50   Et l'onde aux plis infranchissables;
     L'été rit, et l'on voit sur le bord de la mer
           Fleurir le chardon*bleu des sables.   *"thistle"

                    (*Les Contemplations,* 1856)
                    (Manuscrit: 1854)

86

PAROLES SUR LA DUNE

COMMENTAIRE

Le poète, âgé de 52 ans et exilé de son pays, se livre à une longue méditation mélancolique. Noter le style de ce poème, et le comparer à celui de "Demain, dès l'aube . . ." et de "Elle avait pris ce pli . . .".

Cette longue méditation peut se diviser en parties; donner un titre à chaque partie.

Strophes 1-3: remarquer la phrase unique au début du poème, et commenter la reprise des "Maintenant que . . .". Comparer les vers 11-12 aux vers 5-8 du poème "Demain, dès l'aube".

Strophes 4-6: encore une longue période oratoire. En étudier la progression. Noter les métaphores, et leur mélange avec les détails concrets du site où se trouve le poète. Observer et commenter la puissante antithèse du vers 20.

Strophe 7: Etudier la confrontation décrite ici; commenter encore cette antithèse frappante qui la termine. Le choix des mots est important; quelle communication y a-t-il entre "elle" et "moi"?

Strophes 8-11: Remarquer le changement dans la structure et la longueur des phrases. Que traduit la ponctuation? Au vers 34, qui est "on"? Quel effet a la prosopopée du vers 35? Celle des vers 39-40?

Strophes 12-13: noter ici aussi la ponctuation, et les figures de style: prosopopée, apostrophe et métaphore.

Quelle est l'attitude de l'auteur envers le temps présent et le temps passé? Quel rapport sent-il avec la nature? Sur quelle impression se termine le poème? Etudier le rythme et les sonorités, et montrer qu'ils sont adaptés aux sentiments exprimés. Que penser de l'alternance des alexandrins avec des octosyllabes? Cette forme est-elle bien adaptée à l'atmosphère qui entoure le poète dans cette oeuvre?

GÉRARD DE NERVAL
(1808-1855)

De son vrai nom Gérard Labrunie, Nerval est né à Paris et a passé son enfance à la campagne, élevé par un grand-oncle. Sa mère est morte lorsqu'il avait deux ans et son père était médecin militaire dans l'armée de Napoléon. Enfant, il n'a donc que fort peu connu ses parents. Il était de tempérament délicat et rêveur.

Après des études à Paris, il voyagea en Italie. En 1836 il tomba amoureux d'un actrice, Jenny Colon, qui ne lui rendit pas son amour. La déception de Nerval fut profonde et eut une influence néfaste sur son caractère. Il commença à idéaliser la jeune femme. Elle devint pour lui l'image de la femme inaccessible réapparaissant sous de multiples visages et dans d'innombrables réincarnations. En 1841 Nerval dut être soigné pour des troubles mentaux. La mort de Jenny en 1842 ne fit qu'aggraver son obsession et ses rêves mystiques de la femme éternellement hors d'atteinte. L'année suivante il fit un voyage en Egypte et dans d'autres pays du Moyen-Orient. Là il s'intéressa passionnément aux religions et aux mythes orientaux, notamment à la métempsycose (la transmigration des âmes d'un corps à un autre.)

Son état mental instable continua à détériorer. Il était tantôt d'humeur exaltée, tantôt victime de profondes dépressions nerveuses. Il fut enfermé à cinq reprises dans des maisons de santé, mais son état déséquilibré ne s'améliora pas. Il put cependant, pendant ses périodes de lucidité, écrire un certain nombre de nouvelles *(Sylvie* et *Aurélia,* publiés en 1853) et de recueils poétiques *(Les Chimères,* également publié en 1853).

En 1855 on trouva Gérard de Nerval pendu dans une rue d'un quartier pauvre de Paris.

Nerval a raconté l'histoire tragique de sa vie aussi bien dans ses poèmes que dans ses nouvelles. On y lit non seulement la réalité qu'il a vécue, mais aussi ses rêves et ses illusions. Les deux sont mêlés, confondus. La morne réalité de sa vie a été transformée par son imagination fertile, même maladive. On peut dire que cette réalité a été dominée par ses rêves, qui d'ailleurs finirent par lui emporter la raison.

Les vers de Nerval fourmillent d'allusions parfois très obscures à ses lectures, à ses recherches, à ses rencontres et à ses rêves. Les symboles abondent, mais ce sont plus que de simples artifices littéraires. Pour Nerval les symboles sont véridiques; ils correspondent à une sorte de réalité qui avait pour lui autant de poids que les expériences vécues. La poésie de Nerval est harmonieuse, mélancolique et mystérieuse. Elle reflète authentiquement les émotions et les rêves d'un être qui fut malheureux mais inspiré. Théophile Gauthier, écrivain contemporain et ami de Nerval, a caractérisé son oeuvre ainsi: "C'est la Raison écrivant les mémoires de la Folie sous sa dictée."

FANTAISIE

Il est un air pour qui je donnerais
Tout Rossini, tout Mozart et tout Weber,
Un air très vieux, languissant et funèbre,
Qui pour moi seul a des charmes secrets.

5 Or, chaque fois que je viens à l'entendre,
De deux cents ans mon âme rajeunit:
C'est sous Louis-Treize... — et je crois voir s'étendre
Un coteau vert que le couchant jaunit;

Puis un château de brique à coins de pierre,
10 Aux vitraux teints de rougeâtres couleurs,
Ceint de grands parcs, avec une rivière
Baignant ses pieds, qui coule entre des fleurs.

Puis une dame, à sa haute fenêtre,
Blonde aux yeux noirs, en ses habits anciens...
15 Que, dans une autre existence, peut-être,
J'ai déjà vue — et dont je me souviens!

(*Odelettes,* 1832)
(Manuscrit, 1831)

EL DESDICHADO*

Je suis le ténébreux, — le veuf, — l'inconsolé,
Le prince d'Aquitaine* à la tour abolie:
Ma seule *étoile* est morte, — et mon luth constellé
Porte le *soleil* noir de la *Mélancolie.*

5 Dans la nuit du tombeau, toi qui m'as consolé,
Rends-moi le Pausilippe* et la mer d'Italie,
La *fleur* qui plaisait tant à mon cœur désolé,
Et la treille* où le pampre** à la rose s'allie.

Suis-je Amour ou Phébus*?. . . Lusignan** ou Biron*?
10 Mon front est rouge encor du baiser de la reine;
J'ai rêvé dans la grotte où nage la sirène. . .

Et j'ai deux fois vainqueur traversé l'Achéron*:
Modulant tour à tour sur la lyre d'Orphée*
Les soupirs de la sainte et les cris de la fée.

(*Les Chimères,* 1854)

*Le malchanceux, le
 malheureux (espagnol)

*région du sud de la
 France

*mont près de Naple

*"grape arbor"
**branche de vigne
*dieu de la poésie et des arts
**ancienne famille française
*ancienne famille française

*fleuve des Enfers
*poète légendaire grec

EL DESDICHADO
COMMENTAIRE

Sonnet difficile à expliquer car il est autobiographique. (Nerval a d'ailleurs dit que ses vers "perdraient de leur charme à être expliqués, si la chose était possible!") Une appréciation du sonnet est toutefois impossible si on ne tente pas de l'éclaircir. Le poète y a caché des faits personnels derrière un code qui fait ressortir la beauté plutôt que la banalité de ses expériences. Pour déchiffrer le poème on doit donc déchiffrer le code.

Premier quatrain: Quel est le ton de la strophe? Enumérer tous les éléments qui expriment clairement ce ton. Pour comprendre les éléments cachés il faut savoir que Nerval se disait être descendu d'une famille noble du Midi (Aquitaine.) En outre (code: les cartes du Tarot, qui servent à la divination) la Tour renversée est un symbole de malheur. Au vers 3, l'"étoile" symbolise la femme aimée qui vient de mourir (Jenny Colon.) La Mélancolie (code: gravure célèbre d'Albrecht Dürer, artiste allemand, 1471-1528) représente le soleil éteint, symbole de tristesse sombre et morbide.

Deuxième quatrain: Remarquer l'antithèse entre "consolé" (v. 5) et "l'inconsolé" (v. 1) Le poète s'adresse ici à quelqu'un qui a réussi à lui rendre l'espoir. (Il s'agit d'une jeune Anglaise, Octavie, que Nerval avait rencontrée.) Après l'obscurité de la première strophe, voici donc la lumière De quel pays? Mais remarquer les temps des verbes. Cette lumière n'est qu'un souvenir. La "fleur" (v. 7) est le souvenir d'une jeune Napolitaine que Nerval avait vue en train de broder une fleur.

Premier tercet: Le poète se questionne sur son identité. Lusignan et Biron étaient deux familles médiévales plus ou moins légendaires. Lusignan perdit son amante, la fée Mélusine. Biron était un célèbre homme de guerre avide d'argent et immortalisé dans une chanson populaire. Les vers 10 et 11 sont la réponse aux questions du vers 9. Vers 10: la "reine" est une allusion à Adrienne, une femme qu'a connue le poète. Vers 11: l'allusion est incertaine (peut-être une grotte qu'a visitée Nerval en Italie,) mais suggérant en tout cas qu'il a choisi la sirène (encore une femme inaccessible.) Ces deux vers indiquent donc que le poète est Amour et Lusignan plutôt que Phébus ou Biron. Son choix est clair.

Deuxième tercet: L'identité et l'expérience du poète sont confirmées. Le vers 12 est sans doute une référence métaphorique aux deux crises de folie auxquelles il a survécu. Au vers 14, la "sainte" et la "fée" représentent encore deux aspects de l'éternel féminin.

Le poète raconte donc d'une façon indirecte et cachée ses expériences vécues, et surtout sa vie intérieure. Remarquer que, contrairement à ce qu'aurait écrit un poète romantique sur un sujet semblable, il n'y a ici ni plainte, ni pathos, ni larmes. Il y a plutôt une franchise et un certain héroïsme dans cette révélation de soi.

ARTÉMIS*

*déesse de la chasse
et de la lune

La Treizième revient...C'est encor la première;
Et c'est toujours la seule, — ou c'est le seul moment;
Car es-tu reine, ô toi! la première ou dernière?
Es-tu roi, toi le seul ou le dernier amant?...

5 Aimez qui vous aime du berceau* dans la bière**;   *lit de bébé
Celle que j'aimai seul m'aime encor tendrement: **cercueil
C'est la mort — ou la morte... O délice! ô tourment!
La rose qu'elle tient, c'est la *Rose trémière.**   *"hollyhock"

Sainte napolitaine aux mains pleines de feux,
10 Rose au cœur violet, fleur de sainte Gudule*:   *sainte née en 650
As-tu trouvé ta croix dans le désert des cieux?

Roses blanches, tombez! vous insultez nos dieux,
Tombez, fantômes blancs, de votre ciel qui brûle:
— La sainte de l'abîme est plus sainte à mes yeux!

(Les Chimères, 1854)

94

VERS DORÉS

Homme, libre-penseur! te crois-tu seul pensant
Dans ce monde où la vie éclate en toute chose?
Des forces que tu tiens ta liberté dispose,
Mais de tous tes conseils l'univers est absent.

5 Respecte dans la bête un esprit agissant:
Chaque fleur est une âme à la Nature éclose*;   *"blossomed out"
Un mystère d'amour dans le métal repose;
«Tout est sensible!» Et tout sur ton être est puissant.

Crains, dans le mur aveugle, un regard qui t'épie:
10 A la matière même un verbe est attaché...
Ne la fais pas servir à quelque usage impie*!   *contraire à la religion

Souvent dans l'être obscur habite un Dieu caché;
Et comme un œil naissant couvert par ses paupières,
Un pur esprit s'accroît sous l'écorce* des pierres!   *"bark, crust"
                      (*Les Chimères*, 1854)

95

CHARLES BAUDELAIRE
(1821-1867)

Né à Paris dans une famille bourgeoise, Charles Baudelaire perdit son père alors qu'il avait six ans; sa mère se remaria bientôt avec un jeune officier sévère et rigide avec qui l'enfant ne s'entendit pas du tout. Il fit des études assez brillantes au collège, puis se plongea dans une vie dissipée au quartier latin, faisant un peu de littérature et beaucoup de "mauvaises relations". C'est pour l'arracher à cette vie oiseuse que sa famille l'obligea, en 1841, à partir en voyage pour l'Inde. Mais Baudelaire n'alla pas si loin: il débarqua à l'île Maurice et rentra en France au bout de dix mois. Ce voyage l'enrichit d'expériences, d'images et de sensibilités nouvelles qui nourrirent par la suite son oeuvre poétique (voir "L'albatros", "L'invitation au voyage", "Le voyage", etc.)

Quand il atteignit sa majorité légale, Charles Baudelaire hérita de la petite fortune que lui avait laissée son père, mais ne tarda pas à la gaspiller dans la vie de dandy élégant et dissipateur qu'il menait. A partir de 1845, il publia des oeuvres de critique d'art, ainsi que d'excellentes traductions d'Edgar Allan Poe (en qui il voyait une âme soeur). Il se lia successivement avec plusieurs femmes: la mulâtresse Jeanne Duval (la *Vénus noire* de ses poèmes d'amour sensuel), ensuite Madame Sabatier (poèmes d'amour quasi-mystique) et enfin Marie Daubrun.

C'est en 1855 que parurent ses premiers poèmes. En 1857, la publication des "Fleurs du Mal", recueil de plus de cent poèmes, valut à son auteur d'être traduit en justice et condamné "pour immoralité". Il dut payer une forte amende et supprimer six poèmes du recueil. (C'est en cette même année 1857 que Gustave Flaubert fut poursuivi pour l'"immoralité" de son chef-d'oeuvre "Madame Bovary". Mais il s'en tira mieux que Baudelaire; il fut acquitté.) Poursuivi par ses créanciers, malade, affaibli par l'abus d'opium et d'autres drogues, Baudelaire tenta de gagner sa vie en faisant des conférences et en écrivant des articles divers. Frappé de paralysie et d'aphasie, il mourut dans une maison de santé à l'âge de quarante-six ans.

Ce n'est qu'en 1949 que la condamnation de 1857 fut annulée et que la réputation morale du poète fut rétablie.

D'une manière générale, Baudelaire ne fut pas compris par ses contemporains qui voyaient en lui un excentrique, un mystificateur odieux et ignoble. La franchise avec laquelle il décrivit le vice

—tous les vices—choque son époque. On ne comprit pas que le re-
cueil "Les Fleurs du Mal" forme un tout cohérent et profond,
dont le thème est l'antagonisme entre "le spleen" (mélancolie, dé-
goût de la vie) et "l'idéal" (la beauté parfaite et donc inaccessible).
La structure du recueil se présente comme suit:

> (Nous indiquons entre parenthèses et en note la place des
> poèmes inclus dans le présent volume)

PLAN DES "FLEURS DU MAL"

Avant-propos au lecteur (a)

1. *Spleen et Idéal* (dualité de l'homme)

    Deux échappatoires possibles:

    A) *L'art*
       1) Grandeur du poète (b,c)
       2) Misère du poète (d)
       3) Son idéal de beauté artistique (e)
    B) *L'amour*
       Poèmes classés selon les inspiratrices:
       1) Cycle de Jeanne Duval (f)
       2) Cycle de Mme Sabatier (g)
       3) Cycle de Marie Daubrun (h, i)
       4) Quelques inspiratrices secondaires

    Mais ces deux moyens de réhabiliter l'homme échouent,
    D'où:

    C) *Le Spleen* (j)

2. *Tableaux parisiens* (souvenirs d'enfance)
3. *Le Vin* (autre moyen d'évasion décevant)
4. *Les Fleurs du Mal* (le vice — vains efforts de l'homme
   pour échapper à sa condition)

    Il ne reste plus que:
5. *La Révolte* (insurrection, blasphème, chute de l'homme
   vers l'abîme)
6. *La Mort* (k) (solution suprême, mélange de romantisme
   macabre, de catholicisme et de nihilisme. Le seule
   sensation nouvelle qui reste).

---

a) "Au lecteur"	e) "Hymne à la beauté"	i) "Chant d'automne"
b) "L'albatros"	f) "La Chevelure"	j) "Spleen"
c) "Correspondances"	g) "Harmonie du soir"	k) "Le Voyage"
d) "La vie antérieure"	h) "L'invitation au voyage"	

"Baudelaire, dit Victor Hugo, a introduit un frisson nouveau dans la poésie." Quoique ses vers aient la plupart du temps la forme classique (rythme et rime), ils contiennent une grande richesse d'allitérations et d'assonances internes. La musique du vers baudelairien le distingue de tout autre. Son vocabulaire, bien que presque entièrement familier, est enrichi par l'apport des "correspondances" entre les parfums, les sons et les couleurs. Le grand talent de Baudelaire est sa puissance évocatrice — "une espèce de sorcellerie évocatoire". Il choisit ses mots non pas pour leur sens précis, mais pour leurs associations, leur valeur émotionnelle, leurs sonorités. Par un seul mot, Baudelaire nous fait sentir ou éprouver une infinité de passions, de mélancolies et d'aspirations.

AU LECTEUR

La sottise, l'erreur, le péché, la lésine,*   *mesquinerie, avarice
Occupent nos esprits et travaillent nos corps,
Et nous alimentons nos aimables remords,
Comme les mendiants nourrissent leur vermine.

5 Nos péchés sont têtus, nos repentirs sont lâches;
Nous nous faisons payer grassement*nos aveux,   *généreusement
Et nous rentrons gaîment dans le chemin bourbeux,*   *pleins de boue
Croyant par de vils pleurs laver toutes nos taches.

Sur l'oreiller du mal c'est Satan Trismégiste*   *Trois Fois Grand
10 Qui berce longuement notre esprit enchanté,
Et le riche métal de notre volonté
Est tout vaporisé par ce savant chimiste.

C'est le Diable qui tient les fils qui nous remuent!
Aux objets répugnants nous trouvons des appas;*   *charmes
15 Chaque jour vers l'Enfer nous descendons d'un pas,
Sans horreur, à travers des ténèbres qui puent.

Ainsi qu'un débauché pauvre qui baise et mange
Le sein martyrisé d'une antique catin,*   *prostituée
Nous volons au passage un plaisir clandestin
20 Que nous pressons bien fort comme une vieille orange.

Serré, fourmillant, comme un million d'helminthes,*   *parasites
Dans nos cerveaux ribote*un peuple de Démons,   *mange et boit
Et, quand nous respirons, la Mort dans nos poumons   à l'excès
Descend, fleuve invisible, avec de sourdes plaintes.

25 Si le viol, le poison, le poignard, l'incendie,
N'ont pas encor brodé de leurs plaisants dessins
Le canevas banal de nos piteux destins,
C'est que notre âme, hélas! n'est pas assez hardie.

Mais parmi les chacals, les panthères, les lices,*   *chiennes de chasse
30 Les singes, les scorpions, les vautours, les serpents,
Les monstres glapissants,* hurlants, grognants, rampants   *"yelping"
Dans la ménagerie infâme de nos vices,

Il en est un plus laid, plus méchant, plus immonde!
Quoiqu'il ne pousse ni grands gestes ni grands cris,
35 Il ferait volontiers de la terre un débris
Et dans un bâillement avalerait le monde;

C'est l'Ennui ! —L'oeil chargé d'un pleur*involontaire, *une larme
Il rêve d'échafauds*en fumant son houka. *"scaffolds"
Tu le connais, lecteur, ce monstre délicat,
40 —Hypocrite lecteur,—mon semblable, —mon frère!

(*Les Fleurs du Mal,* 1857)

AU LECTEUR

COMMENTAIRE

Remarquer le titre du poème! Ce qui frappe tout de suite dans ce poème, c'est la répétition du pronom de la première personne du pluriel, qui apparaît 24 fois, pour être renforcé aux deux derniers vers par "tu" et "mon frère". Quel est l'effet de ces répétitions?

Le ton du poème relève presque du sermon. Remarquer la personnification des péchés et des vices (v. 5, 33-36); quelle valeur a cette personnification? Etudier les nombreuses comparaisons (v. 4, 16-17, 21-22) et métaphores (v. 7, 9, 11-12, 21-22, 24, 26-27, 32). Montrer que ces figures de style créent le ton âpre et effrayant du poème. Observer la longueur régulière des phrases, puis le changement à la dernière strophe: exclamation, suivie de l'apostrophe directe au lecteur. Remarquer également le changement de rythme: quel est l'effet du déplacement de la césure au vers 37? Noter le ralentissement du rythme au vers 40 et en commenter la valeur.

Commenter le ton du poème en tenant compte surtout de sa position dans le recueil "Les Fleurs du Mal"; pourquoi le poète a-t-il placé ce poème tout au début, comme un prologue? Comment le lecteur est-il influencé pour la suite de sa lecture du recueil?

L'ALBATROS

Souvent, pour s'amuser, les hommes d'équipage
Prennent des albatros, vastes oiseaux des mers,
Qui suivent, indolents compagnons de voyage,
Le navire glissant sur les gouffres amers.

5 A peine les ont-ils déposés sur les planches,
Que ces rois de l'azur, maladroits et honteux,
Laissent piteusement leurs grandes ailes blanches
Comme des avirons* traîner à côté d'eux.   *"oars"

Ce voyageur ailé, comme il est gauche et veule!*   *sans énergie
10 Lui, naguère si beau, qu'il est comique et laid!
L'un agace son bec avec un brûle-gueule,*   *petite pipe courte
L'autre mime, en boitant, l'infirme qui volait!

Le Poète est semblable au prince des nuées
Qui hante la tempête et se rit de l'archer;
15 Exilé sur le sol au milieu des huées,
Ses ailes de géant l'empêchent de marcher.

(*Les Fleurs du Mal*, 2ᵉ édition, 1861)

102

CORRESPONDANCES

La Nature est un temple où de vivants piliers
Laissent parfois sortir de confuses paroles;
L'homme y passe à travers des forêts de symboles
Qui l'observent avec des regards familiers.

5 Comme de longs échos qui de loin se confondent
Dans une ténébreuse et profonde unité,
Vaste comme la nuit et comme la clarté,
Les parfums, les couleurs et les sons se répondent.

Il est des parfums frais comme des chairs d'enfants,
10 Doux comme les hautbois,* verts comme les prairies, *"oboes"
—Et d'autres, corrompus, riches et triomphants,

Ayant l'expansion des choses infinies,   *substance résineuse aromatique
Comme l'ambre* le musc,** le benjoin† et l'encens,   **substance animale aromatique
Qui chantent les transports de l'esprit et des sens.   †substance végétale aromatique

(*Les Fleurs du Mal*, 1857)

CORRESPONDANCES

COMMENTAIRE

Caractériser la structure du poème, et remarquer le schéma des rimes. Ce poème explique et illustre à la fois le principe baudelairien des "correspondances" entre toutes les sensations: visuelle, auditive, olfactive, ainsi qu'entre elles et les états d'âme.

Premier quatrain: La Nature (remarquer la majuscule!) est présentée métaphoriquement comme un temple. Quelles autres métaphores renforcent celle-ci? Relever tous les éléments qui contribuent à donner une ambiance spirituelle. Commenter l'antithèse entre "confuses paroles" et "regards familiers". Que suggèrent les images concernant les relations entre l'homme et la Nature?

Deuxième quatrain: Montrer que les sonorités (nasales) sont conformes au sens du texte. Rechercher dans le premier quatrain les images qui annonçaient celles de ce second quatrain: "longs échos", "ténébreuses", "vaste", "se répondent". Commenter l'importance du mot "unité" (v. 6). Quelles idées sont suggérées par le vers 7?

Les deux tercets: alors que les quatrains ont énoncé le principe, les tercets en donnent des illustrations. Remarquer le passage progressif des sensations concrètes, puis aux sentiments de l'esprit jusqu'aux idées morales.

Noter le savant mélange de ce qui est imaginé et de ce qui est seulement senti.

Pourquoi le mot "comme" est-il utilisé sept fois dans ces 14 vers?

Noter (v. 12) que "expan-sion" forme 4 syllabes (diérèse). Comment cette diérèse renforce-t-elle le sens du vers?

Ce sera un exercice utile de rechercher les rappels, les échos, les "correspondances" qui abondent dans le poème lui-même. Par exemple, "chantent" (v. 14) fait écho au vers 8 et au vers 2, etc.

LA VIE ANTÉRIEURE

J'ai longtemps habité sous de vastes portiques
Que les soleils marins teignaient*de mille feux,   *coloraient
Et que leurs grands piliers, droits et majestueux,
Rendaient pareils, le soir, aux grottes basaltiques.*   *de roche volcanique

5 Les houles,* en roulant les images des cieux,   *"swells (of the ocean)"
  Mêlaient d'une façon solennelle et mystique
  Les tout-puissants accords de leur riche musique
  Aux couleurs du couchant reflété par mes yeux.

  C'est là que j'ai vécu dans les voluptés calmes,
10 Au milieu de l'azur, des vagues, des splendeurs
  Et des esclaves nus, tout imprégnés d'odeurs,

  Qui me rafraîchissaient le front avec des palmes,
  Et dont l'unique soin était d'approfondir
  Le secret douloureux qui me faisait languir.

                (*Les Fleurs du Mal*, 1857)

LA BEAUTÉ

Je suis belle, ô mortels! comme un rêve de pierre,
Et mon sein, où chacun s'est meurtri* tour à tour   *blessé
Est fait pour inspirer au poète un amour
Eternel et muet ainsi que la matière.

5   Je trône dans l'azur comme un sphinx incompris;
J'unis un coeur de neige à la blancheur des cygnes;
Je hais le mouvement qui déplace les lignes,
Et jamais je ne pleure et jamais je ne ris,

Les poètes, devant mes grandes attitudes,
10 Que j'ai l'air d'emprunter aux plus fiers monuments,
Consumeront leurs jours en d'austères études;

Car j'ai, pour fasciner ces dociles amants,
De purs miroirs qui font toutes choses plus belles:
Mes yeux, mes larges yeux aux clartés éternelles!

(*Les Fleurs du Mal,* 1857)

106

HYMNE À LA BEAUTÉ

Viens-tu du ciel profond ou sors-tu de l'abîme,
O Beauté? Ton regard, infernal et divin,
Verse confusément le bienfait et le crime,
Et l'on peut pour cela te comparer au vin.

5 Tu contiens dans ton oeil le couchant et l'aurore;
Tu répands des parfums comme un soir orageux;
Tes baisers sont un philtre*et ta bouche une amphore** *potion d'amour
Qui font le héros lâche et l'enfant courageux. **un vase

Sors-tu du gouffre noir ou descends-tu des astres?
10 Le Destin charmé suit tes jupons comme un chien;
Tu sèmes au hasard la joie et les désastres,
Et tu gouvernes tout et ne réponds de rien.

Tu marches sur des morts, Beauté, dont tu te moques;
De tes bijoux l'Horreur n'est pas le moins charmant,
15 Et le Meurtre, parmi tes plus chères breloques,* *bijoux sans valeur
Sur ton ventre orgueilleux danse amoureusement.

L'éphémère*ébloui vole vers toi, chandelle, *insecte qui ne vit
Crépite, flambe et dit: Bénissons ce flambeau! que très peu de
L'amoureux pantelant incliné sur sa belle temps
20 A l'air d'un moribond caressant son tombeau.

Que tu viennes du ciel ou de l'enfer, qu'importe,
O Beauté! monstre énorme, effrayant, ingénu!
Si ton oeil, ton souris,*ton pied, m'ouvrent la porte *sourire
D'un infini que j'aime et n'ai jamais connu?

25 De Satan ou de Dieu, qu'importe? Ange ou Sirène,
Qu'importe, si tu rends, —fée aux yeux de velours,
Rythme, parfum, lueur, ô mon unique reine! —
L'univers moins hideux et les instants moins lourds?

(*Les Fleurs du Mal*, 1857)

HYMNE À LA BEAUTÉ

COMMENTAIRE

Le thème du poème est l'ambiguïté, l'équivoque de la Beauté: est-elle divine ou infernale? Mais le titre nous dit qu'il s'agit d'un hymne, ce qui indique les louanges de la Beauté. Il est donc naturel que le poète la loue, d'où qu'elle vienne ("qu'importe", aux vers 21, 25, 26). Relever toutes les antithèses qui se rapportent au caractère ambigu de la Beauté (v. 1, 2, 3, 5, 8, 9, 11, 12, 21, 25). Etudier les comparaisons (v. 4, 10) et les métaphores (v. 7, 14, 15, 17-18, 19-20). Faites une description du personnage "Beauté" tel que nous le présente Baudelaire dans ce poème; noter l'emploi des mots "ange", "sirène", "fée", "reine", et expliquer l'image qu'ils créent. A quel vers apparaît d'abord le fait que ce personnage est une femme?

Quels sentiments le poète éprouve-t-il envers ce personnage?

Quelles "correspondances" baudelairiennes trouvez-vous dans cette oeuvre?

Comparer le rythme du vers 10 au rythme des vers qui le précèdent: quelle impression est créée par le rythme du vers 10?

LA CHEVELURE

O toison,* moutonnant** jusque sur l'encolure!   *chevelure **frisée, "curly"
O boucles! O parfum chargé de nonchaloir!*   *paresse
Extase! Pour peupler ce soir l'alcôve obscure
Des souvenirs dormant dans cette chevelure,
5 Je la veux agiter dans l'air comme un mouchoir!

La langoureuse Asie et la brûlante Afrique,
Tout un monde lointain, absent, presque défunt,
Vit dans tes profondeurs, forêt aromatique!
Comme d'autres esprits voguent sur la musique,
10 Le mien, ô mon amour! nage sur ton parfum.

J'irai là-bas où l'arbre et l'homme, pleins de sève,
Se pâment longuement sous l'ardeur des climats;
Fortes tresses, soyez la houle* qui m'enlève!   *"swell"
Tu contiens, mer d'ébène, un éblouissant rêve
15 De voiles, de rameurs, de flammes* et de mâts: *petit drapeau long et étroit

Un port retentissant où mon âme peut boire
A grands flots le parfum, le son et la couleur;
Où les vaisseaux, glissant dans l'or et dans la moire,*   *tissu à reflets changeants
Ouvrent leurs vastes bras pour embrasser la gloire
20 D'un ciel pur où frémit l'éternelle chaleur.

Je plongerai ma tête amoureuse d'ivresse
Dans ce noir océan où l'autre est enfermé;
Et mon esprit subtil que le roulis* caresse   *"rolling"
Saura vous retrouver, ô féconde paresse!
25 Infinis bercements du loisir embaumé!

Cheveux bleus, pavillon* de ténèbres tendues,   *drapeau
Vous me rendez l'azur du ciel immense et rond;   *couverts de poils fins
Sur les bords duvetés* de vos mèches** tordues   **bouquets de cheveux
Je m'enivre ardemment des senteurs confondues
30 De l'huile de coco, du musc et du goudron.*   *"tar"

Longtemps! toujours! ma main dans ta crinière* lourde   *chevelure
Sèmera le rubis, la perle et le saphir,
Afin qu'à mon désir tu ne sois jamais sourde!
N'es-tu pas l'oasis où je rêve, et la gourde
Où je hume* à longs traits le vin du souvenir?   *avale

(*Les Fleurs du Mal*, 1857)

109

LA CHEVELURE
COMMENTAIRE

Poème sensuel inspiré par l'amour qu'avait l'auteur pour Jeanne Duval, une mulâtresse. Remarquer que la femme n'est pas mentionnée; le poète lui substitue la chevelure, personnifiée. Suite d'exclamations pleines d'émotions, qui entraînent l'auteur dans un rêve exotique. (Baudelaire avait fait un voyage aux îles de l'Océan Indien.) Souvenirs de voyage maritime, aussi. Noter l'emploi de "correspondances" entre la chevelure et les souvenirs de voyage (v. 8, 10, 13, 22, 26.) Noter également la communion entre l'esprit et l'âme du poète (v. 9-10, 16, 23) et les sensations de la mer ("voguent . . nage", "boire à grands flots", "le roulis caresse".)

Noter l'importance des parfums (v. 2, 8, 10, 17, 25, 29-30). De même, rechercher les nombreuses impressions de chaleur (tant physique que sensuelle), ainsi que les couleurs, les impressions visuelles et les sentiments.

Pour la plupart, le vers est un alexandrin régulier, avec la césure à l'hémistiche. Cependant, il faut bien étudier le rythme aux vers 13 et 15, où les mouvements de la mer sont suggérés. Encore, aux vers 16-17, commenter l'enjambement. L'abondance de métaphores sera aussi à commenter.

HARMONIE DU SOIR

Voici venir les temps où vibrant sur sa tige
Chaque fleur s'évapore ainsi qu'un encensoir;*   *vase pur brûler l'encens
Les sons et les parfums tournent dans l'air du soir;
Valse mélancolique et langoureux vertige!

5 Chaque fleur s'évapore ainsi qu'un encensoir;
  Le violon frémit comme un coeur qu'on afflige;
  Valse mélancolique et langoureux vertige!
  Le ciel est triste et beau comme un grand reposoir.*   *autel ou une
                                                           procession s'arrête

   Le violon frémit comme un coeur qu'on afflige,
10 Un coeur tendre, qui hait le néant vaste et noir!
   Le ciel est triste et beau comme un grand reposoir;
   Le soleil s'est noyé dans son sang qui se fige.

   Un coeur tendre, qui hait le néant vaste et noir,
   Du passé lumineux recueille tout vestige!
15 Le soleil s'est noyé dans son sang qui se fige . . .
   Ton souvenir en moi luit comme un ostensoir!*   *boîte qui sert à exposer
                                                      l'hostie consacrée

             (*Les Fleurs du Mal*, 1857)

HARMONIE DU SOIR

COMMENTAIRE

Ce poème est un "pantoum", forme poétique d'origine orientale: le 2e et le 4e vers forment le 1er et le 3e vers de la strophe suivante. Noter que le poète s'est ici limité à deux rimes, "ige" et "oir".

La répétition des vers et des rimes donne au poème un ton presque magique, un air d'envoûtement. Noter l'emploi d'un vocabulaire d'objets religieux, qui contribue à l'ambiance mystique. Etudier les comparaisons (v. 2, 5, 6, 8, 9, 11, 16) et les métaphores (v. 4, 12); comment contribuent-elles toutes à accorder nos émotions dans le sens voulu par l'auteur? Remarquer les "correspondances" chères à Baudelaire, qui associent les sensations et les états moraux (sons, parfums, mélancolie, langueur, haine du néant, souvenir.) Noter, à chaque répétition, la modification lente et progressive du sens, d'après le contexte. Etudier les sonorités (allitérations en "v", abondance des nasales — mélancolie, et des sonorités aiguës — cris.) Etudier les rythmes; l'absence totale d'enjambements, la régularité des alexandrins, mais aussi les variations subtiles et les déplacements de la césure. Commenter les expressions "triste et beau" (v.8), "le passé lumineux" (v. 14), "vaste et noir" (v. 10).

L'INVITATION AU VOYAGE

     Mon enfant, ma soeur,
     Songe à la douceur
D'aller là-bas vivre ensemble!
     Aimer à loisir,
5   Aimer et mourir
Au pays qui te ressemble!
     Les soleils mouillés
     De ces ciels brouillés
Pour mon esprit ont les charmes
10   Si mystérieux
     De tes traîtres yeux,
Brillant à travers leurs larmes.

   Là, tout n'est qu'ordre et beauté,
   Luxe, calme et volupté.

15   Des meubles luisants,
     Polis par les ans,
Décoreraient notre chambre;
     Les plus rares fleurs
     Mêlant leurs odeurs
20 Aux vagues senteurs de l'ambre,*   *substance résineuse aromatique
     Les riches plafonds,
     Les miroirs profonds,
La splendeur orientale,
     Tout y parlerait
25   A l'âme en secret
Sa douce langue natale.

   Là, tout n'est qu'ordre et beauté,
   Luxe, calme et volupté.

     Vois sur ces canaux
30   Dormir ces vaisseaux
Dont l'humeur est vagabonde;
     C'est pour assouvir*   *satisfaire
     Ton moindre désir
Qu'ils viennent du bout du monde.

35   Les soleils couchants
Revêtent les champs,
Les canaux, la ville entière,
      D'hyacinthe*et d'or;   *couleur jaune-rouge
Le monde s'endort
40 Dans une chaude lumière.

Là, tout n'est qu'ordre et beauté,
Luxe, calme et volupté.

(*Les Fleurs du Mal*, 1857)

L'INVITATION AU VOYAGE
COMMENTAIRE

Cette invitation est adressée à une femme qui n'est ni l'enfant, ni la soeur du poète; pourquoi le poète utilise-t-il ces termes? Quels sentiments suggèrent-ils? Noter l'imprécision de la destination du voyage; pourquoi cette imprécision? Etudier, dans la première strophe, la "correspondance" entre la femme aimée et le paysage.

Etudier le choix des mots du refrain qui qualifient la destination du voyage. Ces mots sont-ils tous de même qualité? Est-ce que vous les associeriez nécessairement les uns aux autres?

Noter aussi tous les mots empreints de tristesse. Montrer qu'il ne s'agit pas du tout d'un voyage touristique.

Dans la deuxième strophe, étudier les éléments qui reprennent et développent le refrain. Noter le mode des verbes aux vers 17 et 24. Remarquer que la première strophe parlait d'un pays, tandis que la deuxième parle d'une chambre. Pourquoi l'auteur décrit-il les plafonds plutôt que les planchers? Aux vers 24-26, noter la suggestion que l'âme a déjà connu (à sa naissance, à son origine) le luxe, le calme et la volupté. Comment cette suggestion est-elle rendue? Que veut-elle nous dire sur la nature de l'âme?

Troisième strophe: remarquer l'emploi du mode indicatif (après le premier mot à l'impératif). Quelle progression cela indique-t-il? Dans quel milieu, quel lieu, le poète nous entraîne-t-il dans cette strophe? Commenter les couleurs, l'heure du jour, et l'atmosphère de la fin du poème.

Peut-on déterminer le pays auquel songe le poète? Etudier le rythme, en notant l'emploi assez rare de vers de 5 et de 7 syllabes; ce rythme correspond-il au fond du poème? Etudier l'effet de bercement des vers, accentué par la répétition du refrain.

CHANT D'AUTOMNE

I

Bientôt nous plongerons dans les froides ténèbres;
Adieu, vive clarté de nos étés trop courts!
J'entends déjà tomber avec des chocs funèbres*   *lugubres
Le bois retentissant sur le pavé des cours.

5 Tout l'hiver va rentrer dans mon être: colère,
Haine, frissons, horreur, labeur dur et forcé,
Et, comme le soleil dans son enfer polaire,
Mon coeur ne sera plus qu'un bloc rouge et glacé.

J'écoute en frémissant chaque bûche qui tombe;
10 L'échafaud qu'on bâtit n'a pas d'écho plus sourd.
Mon esprit est pareil à la tour qui succombe
Sous les coups du bélier* infatigable et lourd.   *"ram"

Il me semble, bercé par ce choc monotone,
Qu'on cloue en grande hâte un cercueil quelque part.
15 Pour qui? —C'était hier l'été; voici l'automne!
Ce bruit mystérieux sonne comme un départ.

II

J'aime de vos longs yeux la lumière verdâtre,
Douce beauté, mais tout aujourd'hui m'est amer,
Et rien, ni votre amour, ni le boudoir,* ni l'âtre,**   *petit salon
20 Ne me vaut le soleil rayonnant sur la mer.   **foyer de la cheminée

Et pourtant aimez-moi, tendre coeur! soyez mère,
Même pour un ingrat, même pour un méchant;
Amante ou soeur, soyez la douceur éphémère
D'un glorieux automne ou d'un soleil couchant.

25 Courte tâche! La tombe attend; elle est avide!
Ah! laissez-moi, mon front posé sur vos genoux,
Goûter, en regrettant l'été blanc et torride,
De l'arrière-saison le rayon jaune et doux!

(*Les Fleurs du Mal,* 2e édition, 1861)

117

CHANT D'AUTOMNE

COMMENTAIRE

Poème très caractéristique de Baudelaire, qui exprime le "spleen", le sentiment de malaise, de tristesse, amené ici par l'approche de l'hiver (mais d'un hiver surtout allégorique). Remarquer les nombreuses "correspondances" entre les éléments concrets et les états d'âme. C'est donc un poème qui rend l'angoisse de la condition humaine.

Première strophe: quelle sensation donne naissance au poème? Relever tous les mots qui créent le sentiment d'angoisse.

Deuxième strophe: il s'agit de l'hiver de l'âme. Noter l'énumération des vers 5-6, faite de termes chargés de sentiments qui s'appliquent plus à un état d'esprit qu'à une saison de l'année. Commenter la comparaison des vers 7-8, ainsi que l'oxymoron du vers 7.

Troisième strophe: Noter la progression depuis le vers 3 ("J'entends . . .") jusqu'au vers 9 ("J'écoute . . .") Quelles sont les idées suggérées par les mots "échafaud" et "bélier"?

Quatrième strophe: l'atmosphère s'est modifiée: noter l'emploi du verbe "bercé" (v. 13); que suggère-t-il? Comment répondre à la question "Pour qui?" Commenter l'ambiance créée par le mot "mystérieux".

Pourquoi ce poème est-il divisé en deux parties? Caractériser les différences de ton entre les deux.

Cinquième strophe: noter, dès le vers 18, l'emploi du mot "mais", qui interrompt le ton du vers précédent, et réintroduit une atmosphère négative.

Sixième strophe: le mot "pourtant" est une réaction contre quel mot de la strophe précédente? Noter le mode des verbes.

Septième strophe: étudier le rythme, et remarquer la ponctuation.

Dans l'ensemble du poème, il faut bien remarquer les sonorités, qui correspondent particulièrement bien aux idée exprimées: sonorités dures aux vers 9-10 (ch-k-b-ch-k-t-b; ch-f-k-b-t-p-d-k-p-k); sonorités des vers 21-23 (mé-mè-mê-mê-mé-man-mè); sonorités du vers 25 (k-t-t-ch-t-b-t), et aussi les sons des vers 25-28 (ou-ou-ou-ou). Quelle impression est ainsi créée?

SPLEEN

Quand le ciel bas et lourd pèse comme un couvercle
Sur l'esprit gémissant en proie aux longs ennuis,
Et que de l'horizon embrassant tout le cercle
Il nous verse un jour noir plus triste que les nuits;

5 Quand la terre est changée en un cachot humide,
Où l'Espérance, comme une chauve-souris,*   *"bat"
S'en va battant les murs de son aile timide
Et se cognant la tête à des plafonds pourris;

Quand la pluie étalant ses immenses traînées
10 D'une vaste prison imite les barreaux,
Et qu'un peuple muet d'infâmes araignées
Vient tendre ses filets au fond de nos cerveaux,

Des cloches tout à coup sautent avec furie
Et lancent vers le ciel un affreux hurlement,
15 Ainsi que des esprits errants et sans patrie
Qui se mettent à geindre*opiniâtrement.   *se plaindre

—Et de longs corbillards,* sans tambours ni musique, *véhicules pour
Défilent lentement dans mon âme; l'Espoir,   transporter les morts
Vaincu, pleure, et l'Angoisse atroce, despotique,
20 Sur mon crâne incliné plante son drapeau noir.

(*Les Fleurs du Mal*, 1857)

119

SPLEEN

COMMENTAIRE

"Spleen" signifie ennui, dégoût de la vie, dépression.

Noter la structure grammaticale: au début, une longue phrase, faite de subordonnées ("Quand . . . quand . . . quand . . ." repris deux fois par "et que") suivies enfin de la proposition principale ("Des cloches . . ."). Ensuite, une deuxième phrase, beaucoup plus courte, qui prolonge, en le modifiant, le ton de la première.

Le premier quatrain décrit un paysage pluvieux, auquel correspond un paysage intérieur; le deuxième quatrain développe le paysage intérieur, et le troisième continue ce développement. Au quatrième quatrain, exactement comme des cloches qui retentissent soudain, le spleen du poète éclate, le poète hallucine. Au dernier quatrain, l'hallucination se transforme en défaite, en abdication.

Etudier les comparaisons et les métaphores: quelle atmosphère créent-elles? Pourquoi sont-ce des comparaisons aux trois premiers quatrains, puis des métaphores à partir du vers 11? Etudier de près le choix des mots; remarquer la progression des images, qui s'enchaînent et se complémentent:

ciel bas et lourd → couvercle → cachot → prison → etc.

Commenter l'oxymoron du vers 4. Etudier les sonorités et montrer comment elles contribuent à l'ambiance totale.

LE VOYAGE

I

Pour l'enfant, amoureux de cartes et d'estampes,*   *images gravées
L'univers est égal à son vaste appétit.
Ah! que le monde est grand à la clarté des lampes!
Aux yeux du souvenir que le monde est petit!

5 Un matin nous partons, le cerveau plein de flamme,
Le coeur gros de rancune* et de désirs amers,   *ressentiment
Et nous allons, suivant le rythme de la lame,
Berçant notre infini sur le fini des mers:

Les uns, joyeux de fuir une patrie infâme;
10 D'autres, l'horreur de leurs berceaux, et quelques-uns,
Astrologues noyés dans les yeux d'une femme,
La Circé* tyrannique aux dangereux parfums.   *magicienne qui tranforma
                                                     Ulysse en cochon
                                                     (*Odyssée* d'Homere)

Pour n'être pas changés en bêtes, ils s'enivrent
D'espace et de lumière et de cieux embrasés;*   *en feu
15 La glace qui les mord, les soleils qui les cuivrent
Effacent lentement la marque des baisers.

Mais les vrais voyageurs sont ceux-là seuls qui partent
Pour partir; coeurs légers, semblables aux ballons,
De leur fatalité jamais ils ne s'écartent
20 Et, sans savoir pourquoi, disent toujours: Allons!

Ceux-là dont les désirs ont la forme des nues,*   *nuages
Et qui rêvent, ainsi qu'un conscrit* le canon,   *soldat
De vastes voluptés, changeantes, inconnues,
Et dont l'esprit humain n'a jamais su le nom!

II

25 Nous imitons, horreur! la toupie* et la boule   *"spinning top"
Dans leur valse et leurs bonds: même dans nos sommeils
La Curiosité nous tourmente et nous roule,
Comme un Ange cruel qui fouette des soleils.

121

Singulière fortune où le but se déplace,
30 Et, n'étant nulle part, peut être n'importe où!
Où l'Homme, dont jamais l'espérance n'est lasse,
Pour trouver le repos court toujours comme un fou !

Notre âme est un trois-mâts cherchant son Icarie;*   *utopie
Une voix retentit sur le pont: "Ouvre l'oeil! "
35 Une voix de la hune,* ardente et folle, crie: *"crow's nest (on a ship)"
"Amour. . . gloire . . .bonheur! " Enfer! c'est un écueil!*   *rocher

Chaque îlot signalé par l'homme de vigie*   *"look-out"
Est un Eldorado* promis par le Destin;   *pays d'énormes richesses
L'Imagination qui dresse son orgie
40 Ne trouve qu'un récif* aux clartés du matin.   *écueil, rocher

O le pauvre amoureux des pays chimériques!
Faut-il le mettre aux fers, le jeter à la mer,
Ce matelot ivrogne, inventeur d'Amériques
Dont le mirage rend le gouffre plus amer?

45 Tel le vieux vagabond, piétinant dans la boue,
Rêve, le nez en l'air, de brillants paradis;
Son oeil ensorcelé découvre une Capoue*   *ville d'Italie, réputée pour
Partout où la chandelle illumine un taudis.*   ses délices
                                                      *maison misérable

III

Étonnants voyageurs! quelles nobles histoires
50 Nous lisons dans vos yeux profonds comme les mers!
Montrez-nous les écrins* de vos riches mémoirs,   *petite boîte
Les bijoux merveilleux, faits d'astres et d'éthers.

Nous voulons voyager sans vapeur et sans voile!
Faites, pour égayer l'ennui de nos prisons,
55 Passer sur nos esprits, tendus comme une toile,
Vos souvenirs avec leurs cadres d'horizons.

Dites, qu'avez-vous vu?

IV

"Nous avons vu des astres
Et des flots; nous avons vu des sables aussi;
Et, malgré bien des chocs et d'imprévus désastres,
60 Nous nous sommes souvent ennuyés, comme ici.

La gloire du soleil sur la mer violette,
La gloire des cités dans le soleil couchant,
Allumaient dans nos coeurs une ardeur inquiète
De plonger dans un ciel au reflet alléchant.*   *attirant

65 Les plus riches cités, les plus grands paysages,
Jamais ne contenaient l'attrait mystérieux
De ceux que le hasard fait avec les nuages,
Et toujours le désir nous rendait soucieux!

—La jouissance ajoute au désir de la force.
70 Désir, vieil arbre à qui le plaisir sert d'engrais,*   *matière qui fertilise
Cependant que grossit et durcit ton écorce,
Tes branches veulent voir le soleil de plus près!

Grandiras-tu toujours, grand arbre plus vivace
Que le cyprès? —Pourtant nous avons, avec soin,
75 Cueilli quelques croquis*pour votre album vorace,   *dessins faits rapidement
Frères qui trouvez beau tout ce qui vient de loin!

Nous avons salué des idoles à trompe;
Des trônes constellés de joyaux lumineux;
Des palais ouvragés dont la féerique pompe
80 Serait pour vos banquiers un rêve ruineux;

Des costumes qui sont pour les yeux une ivresse;
Des femmes dont les dents et les ongles sont teints,
Et des jongleurs savants que le serpent caresse."

V

Et puis, et puis encore?

VI

"O cerveaux enfantins!
85 Pour ne pas oublier la chose capitale,
Nous avons vu partout, et sans l'avoir cherché,
Du haut jusques en bas de l'échelle fatale,
Le spectacle ennuyeux de l'immortel péché:

90 La femme, esclave vile, orgueilleuse et stupide,
Sans rire s'adorant et s'aimant sans dégoût:
L'homme, tyran goulu,* paillard,** dur et cupide,†   *glouton **débauché
Esclave de l'esclave et ruisseau dans l'égout;   † avare

123

Le bourreau qui jouit, le martyr qui sanglote;
La fête qu'assaisonne et parfume le sang;
95 Le poison du pouvoir énervant le despote,
Et le peuple amoureux du fouet abrutissant;

Plusieurs religions semblables à la nôtre,
Toutes escaladant le ciel; la Sainteté,
Comme en un lit de plume un délicat se vautre,*   *se roule
100 Dans les clous et le crin* cherchant la volupté;   *"horse hair"

L'Humanité bavarde, ivre de son génie,
Et, folle maintenant comme elle était jadis,
Criant à Dieu, dans sa furibonde agonie:
"O mon semblable, ô mon maître, je te maudis! "

105 Et les moins sots, hardis amants de la Démence,
Fuyant le grand troupeau parqué par le Destin,
Et se réfugiant dans l'opium immense!
—Tel est du globe entier l'éternel bulletin."

VII

Amer savoir, celui qu'on tire du voyage!
110 Le monde, monotone et petit, aujourd'hui,
Hier, demain, toujours, nous fait voir notre image:
Une oasis d'horreur dans un désert d'ennui!

Faut-il partir? rester? Si tu peux rester, reste;
Pars, s'il le faut. L'un court, et l'autre se tapit*   *se cache
115 Pour tromper l'ennemi vigilant et funeste,
Le Temps! Il est, hélas! des coureurs sans répit,

Comme le Juif errant et comme les apôtres,
A qui rien ne suffit, ni wagon ni vaisseau,
Pour fuir ce rétiaire* infâme; il en est d'autres   *gladiateur romain
120 Qui savent le tuer sans quitter leur berceau.

Lorsque enfin il mettra le pied sur notre échine,*   *"spine"
Nous pourrons espérer et crier: En avant!
De même qu'autrefois nous partions pour la Chine,
Les yeux fixés au large et les cheveux au vent,

125 Nous nous embarquons sur la mer des Ténèbres
    Avec le coeur joyeux d'un jeune passager.
    Entendez-vous ces voix, charmantes et funèbres,
    Qui chantent: "Par ici! vous qui voulez manger

    Le Lotus*parfumé! c'est ici qu'on vendange**   *fruit aux propriétés
130 Les fruits miraculeux dont votre coeur a faim;   narcotiques
    Venez vous enivrer de la douceur étrange   **récolte
    De cette après-midi qui n'a jamais de fin? "

    A l'accent familier nous devinons le spectre;
    Nos Pylades*là-bas tendent leurs bras vers nous.   *Pylade était l'ami
135 "Pour rafraîchir ton coeur nage vers ton Electre!"*   d'Oreste
    Dit celle dont jadis nous baisions les genoux.   *soeur d'Oreste

                              VIII

    O Mort, vieux capitaine, il est temps! levons l'ancre!
    Ce pays nous ennuie, ô Mort! Appareillons!*   *partons
    Si le ciel et la mer sont noirs comme de l'encre,
140 Nos coeurs que tu connais sont remplis de rayons!

    Verse-nous ton poison pour qu'il nous réconforte!
    Nous voulons, tant ce feu nous brûle le cerveau,
    Plonger au fond du gouffre, Enfer ou Ciel, qu'importe?
    Au fond de l'Inconnu pour trouver du *nouveau!*

                    (*Les Fleurs du Mal,* 2e edition, 1861)
                    (Première publication, 1859)

125

LE VOYAGE
COMMENTAIRE

Ce poème est le dernier du recueil "Les Fleurs du Mal". Le voyage représente la dernière aventure de l'homme. L'homme, aux prises avec sa destinée, veut la dépasser; les thèmes du temps et de la mort sont au centre de l'oeuvre. Poème écrit en 1859. L'inspiration de Baudelaire avait changé à cette époque; on ne trouve plus de "correspondances" ici. Le thème est philosophique, développé sur un fond familier au poète, le thème du grand voyage en mer.

Après une première lecture, il sera utile de rechercher toutes les images de la mer.

Première partie: introduction du sujet. Noter, dès le vers 3, une note de désillusion et de déception. Qu'est-ce qui pousse "les vrais voyageurs" (v. 17-20)? Qui sont "ceux-là" (v. 17 et 21): Que nous indique le mot "mais" (v. 17)?

Deuxième partie: Qu'indique le mot "nous" (v. 25)? Ce mot a-t-il déjà été utilisé plus haut? Rechercher tous les écueils auxquels se heurte le voyageur dans sa recherche de "l'Icarie". Noter aux vers 25-26 la reprise du thème de l'enfance introduit au début du poème. Que suggère la curieuse image du vers 28? Comment l'auteur rend-il l'idée d'obsession voyageuse de l'homme (v. 32)?

Troisième partie: Maintenant "nous" devenons les curieux qui questionnent avidement ceux qui ont beaucoup voyagé. Que suggère l'image du vers 54?

Quatrième partie: Noter tout de suite, au vers 60, la réplique au vers 54. La métaphore du vieil arbre (v. 70-74): que signifie-t-elle? Pourquoi un cyprès? Cette métaphore s'intègre-t-elle dans le reste du poème?

Cinquième partie: noter le rythme, qui traduit et renouvelle la curiosité haletante du vers 57.

Sixième partie: De nouveau, reprise (v. 84) du thème des vers 1 et 25. Dans cette partie, la "chose capitale" est développée en détail. Enumérer tous les "immortels péchés" qu'a rencontrés le voyageur.

Septième partie: Le voyage n'a donc apporté que de l'amertume, de l'ennui. Que faire, alors, pour "tromper l'ennemi"? Qui est cet ennemi (v. 116)? Qu'indique le vers 121 sur nos chances d'échapper à l'ennemi? Quelle attitude est suggérée par l'exclamation "En avant!" (v. 122)? Que suggère l'image des "voix charmantes et funèbres" (v. 127)? Qu'est-ce qui suggère que la mort est un domaine qui ne nous est pas étranger? Qui nous y a déjà précédés (v. 133-136)?

Huitième partie: La mort est personnifiée; sous quels traits? Noter le tutoiement; que représente-t-il? Quel effet aura le poison (v. 141)? Que cherche le voyageur jusqu'au dernier moment de son voyage?

C'est donc le voyage de la vie. Que conclure sur l'attitude philosophique et religieuse du poète d'après ce poème?

RECUEILLEMENT[*]

*Méditation

Sois sage, ô ma Douleur, et tiens-toi plus tranquille,
Tu réclamais le Soir; il descend; le voici:
Une atmosphère obscure enveloppe la ville,
Aux uns portant la paix, aux autres le souci.

5 Pendant que des mortels la multitude vile,
Sous le fouet du Plaisir, ce bourreau sans merci,
Va cueillir des remords dans la fête servile,
Ma Douleur, donne-moi la main; viens par ici,

Loin d'eux. Vois se pencher les défuntes Années,
10 Sur les balcons du ciel, en robes surannées;[*]   *passées de mode
Surgir du fond des eaux le Regret souriant;

Le Soleil moribond s'endormir sous une arche,
Et, comme un long linceul[*] traînant à l'Orient,   *"shroud"
Entends, ma chère, entends la douce Nuit qui marche.

(1861)

127

RECUEILLEMENT
COMMENTAIRE

Ce sonnet, parmi les plus célèbres de Baudelaire, exprime le calme et l'apaisement du poète. Noter que l'auteur s'adresse à la Douleur personnifiée. La douleur devient sa confidente intime (noter le ton familier.)

Quel est le ton du premier quatrain? Montrer que le rythme du vers 2 contribue à créer l'atmosphère.

Deuxième quatrain: Quel mot du vers 5 est accentué par la construction de la phrase? Remarquer le choix de termes qui s'appliquent au Plaisir (également personnifié). Etudier le rythme du vers 8, qui est suivi d'un rejet au vers 9; expliquez-en l'effet.

Dans les tercets, remarquer encore les personnifications; étudier les images à la fois matérielles et surréelles, et le choix des mots qui qualifient les souvenirs du passé. Au dernier tercet, noter tous les mots qui suggèrent la mort.

Remarquer encore les différences de rimes entre les quatrains et les tercets; quel en est l'effet?

LES FENÊTRES

Celui qui regarde de dehors à travers une fenêtre ouverte, ne voit jamais autant de choses que celui qui regarde une fenêtre fermée. Il n'est pas d'objet plus profond, plus mystérieux, plus fécond, plus ténébreux,* plus éblouissant   *obscur
5 qu'une fenêtre éclairée d'une chandelle. Ce qu'on peut voir au soleil est toujours moins intéressant que ce qui se passe derrière une vitre.* Dans ce trou noir ou lumineux vit la vie,   *"window pane" rêve la vie, souffre la vie.

Par delà des vagues de toits, j'aperçois une femme mûre,
10 ridée* déjà pauvre, toujours penchée sur quelque chose, et   *"wrinkled" qui ne sort jamais. Avec son visage, avec son vêtement, avec son geste, avec presque rien, j'ai refait l'histoire de cette femme, ou plutôt sa légende, et quelquefois je me la raconte à moi-même en pleurant.

15 Si c'eût été un pauvre vieux homme, j'aurais refait la sienne tout aussi aisément.

Et je me couche, fier d'avoir vécu et souffert dans d'autres que moi-même.

Peut-être me direz-vous: « Es-tu sûr que cette légende
20 soit la vraie? » Qu'importe ce que peut être la réalité placée hors de moi, si elle m'a aidé à vivre, à sentir que je suis et ce que je suis?

(*Le Spleen de Paris,* publié en 1869)

LES FENÊTRES

COMMENTAIRE

Dans ses poèmes en prose Baudelaire a voulu écrire "une prose poétique sans rythme et sans rime, assez souple et assez heurtée pour s'adapter aux mouvements lyriques de l'âme, aux ondulations de la rêverie, aux soubresauts de la conscience." Appréciez jusqu'à quel point Baudelaire a réussi dans cette entreprise.

Remarquer qu'il ne s'agit pas d'une anecdote ni d'une description. De quoi s'agit-il, alors? Quels sentiments, quelles émotions ressortent? Comment ces sentiments sont-ils communiqués? Quels éléments traditionnels de la poésie sont absents de cette oeuvre? Quels éléments traditionnels y sont présents? Qu'est-ce qui fait de cette "prose" de la "poésie"? (Le rythme, la rime, les évocations, les suggestions sont-ils présents?)

Etudier l'évolution de ce qui est observé et de ce qui est senti, depuis le premier paragraphe (noter les termes généraux, imprécis: celui qui... ce que... la vie) jusqu'à la dernière phrase (noter les mots: réalité, vivre, je suis, qui ont un sens bien précis, quoique sous-entendu). Comment passe-t-on de l'observation à la réflexion? Commenter les mots: légende, fier.

Quels sentiments dominent à la fin du poème? (Quelle est, selon-vous, la réponse à la question de la dernière phrase?)

ENIVREZ-VOUS

Il faut être toujours ivre. Tout est là: c'est l'unique
question. Pour ne pas sentir l'horrible fardeau du
Temps qui brise vos épaules et vous penche vers la
terre, il faut vous enivrer sans trêve.*   *arrêt
5   Mais de quoi? De vin, de poésie ou de vertu, à votre
guise.* Mais enivrez-vous.   *manière
Et si quelquefois, sur les marches d'un palais, sur
l'herbe verte d'un fossé, dans la solitude morne de
votre chambre, vous vous réveillez, l'ivresse déjà
10 diminuée ou disparue, demandez au vent, à la vague,
à l'étoile, à l'oiseau, à l'horloge, à tout ce qui fuit, à
tout ce qui gémit, à tout ce qui roule, à tout ce qui
chante, à tout ce qui parle, demandez quelle heure il
est; et le vent, la vague, l'étoile, l'oiseau, l'horloge,
15 vous répondront: «Il est l'heure de s'enivrer! Pour
n'être pas les esclaves martyrisés du Temps, enivrez-
vous sans cesse! De vin, de poésie ou de vertu, à votre
guise.»

(*Le Spleen de Paris,* publié en 1869)

131

LE PORT

Un port est un séjour charmant pour une âme
fatiguée des luttes de la vie. L'ampleur du ciel, l'ar-
chitecture mobile des nuages, les colorations change-
antes de la mer, le scintillement des phares,* sont un   *"lighthouses"
5 prisme merveilleusement propre à amuser les yeux
sans jamais les lasser. Les formes élancées* des   *sveltes
navires, au gréement† compliqué, auxquels la houle*   †"rigging"
imprime des oscillation harmonieuses, servent à en-   *"swell"
tretenir dans l'âme le goût du rythme et de la beauté.
10 Et puis, surtout, il y a une sorte de plaisir mystérieux
et aristocratique pour celui qui n'a plus ni curiosité
ni ambition, à contempler, couché dans le belvédère
ou accoudé sur le môle,* tous ces mouvements de   *"breakwater"
de ceux qui partent et de ceux qui reviennent, de
15 ceux qui ont encore la force de vouloir, le désir de
voyager et de s'enrichir.

(*Le Spleen de Paris,* publié en 1869)

STÉPHANE MALLARMÉ
(1842-1898)

Mallarmé naquit à Paris et fut, très jeune, fort influencé par sa lecture des *Fleurs du Mal* de Baudelaire. Il exerça la profession de professeur d'anglais en divers endroits, mais, obsédé par la poésie, il y consacra de plus en plus de temps et d'énergie.

Pour Mallarmé la poésie était comme une religion, la religion de l'idéal littéraire qui demandait un don total de soi. Ecrivain très exigeant, il souffrit beaucoup des difficultés qu'il éprouvait à mettre sur papier "l'effet produit par les choses". Ses admirateurs voyaient en lui une sorte de prêtre, même de saint, entièrement dévoué à son idéal toujours inaccessible. Mallarmé souffrait beaucoup de la monotonie et de la laideur de la vie. Il regrettait que la poésie ne soit pas aussi mystérieuse que la musique et que le poète soit contraint à utiliser les mots ordinaires et usés de tous les jours.

Beaucoup de ses poèmes sont très élaborés et même obscurs. Il justifie sa recherche de l'ésotérisme — que l'on appelle chez lui "l'hermétisme" — par sa doctrine du caractère sacré de la poésie: "Toute chose sacrée qui veut demeurer sacrée s'enveloppe de mystère" écrivit-il. Les poèmes de Mallarmé ne racontent pas, ne décrivent pas, ils tentent d'exprimer des concepts purs. Ils s'efforcent d'exprimer l'essence des choses plutôt que les choses elles-mêmes. Plus qu'aucun autre poète, Mallarmé utilise les sonorités et la musique des mots. Il désarticule aussi les phrases, modifiant l'ordre habituel des mots, utilisant une abondance de périphrases, d'ellipses, d'appositions, qui exigent de la part du lecteur un effort considérable.

TRISTESSE D' ÉTÉ

Le soleil sur le sable, ô lutteuse endormie,
En l'or de tes cheveux chauffe un bain langoureux
Et, consumant l'encens sur ta joue ennemie,
Il mêle avec les pleurs un breuvage amoureux.

5 De ce blanc flamboiement* l'immuable accalmie   *"blazing"
T'a fait dire, attristée, ô mes baisers peureux,
«Nous ne serons jamais une seule momie*   *"mummy (Egyptian)"
Sous l'antique désert et les palmiers heureux!»

Mais ta chevelure est une rivière tiède,
10 Où noyer sans frissons l'âme qui nous obsède
Et trouver ce Néant que tu ne connais pas.

Je goûterai le fard* pleuré par tes paupières,   *peinture pour le visage
Pour voir s'il sait donner au cœur que tu frappas
L'insensibilité de l'azur et des pierres.

(1866)

LE VIERGE, LE VIVACE...

Le vierge, le vivace et le bel aujourd'hui
Va-t-il nous déchirer avec un coup d'aile ivre
Ce lac dur oublié que hante sous le givre*　　　　　*"hoarfrost"
Le transparent glacier des vols qui n'ont pas fui!

5　Un cygne d'autrefois se souvient que c'est lui
Magnifique mais qui sans espoir se délivre
Pour n'avoir pas chanté la région où vivre
Quand du stérile hiver a resplendi l'ennui.

Tout son col* secouera cette blanche agonie　　　　*cou
10　Par l'espace infligée à l'oiseau qui le nie,
Mais non l'horreur du sol où le plumage est pris.

Fantôme qu'à ce lieu son pur éclat assigne,
Il s'immobilise au songe froid de mépris
Que vêt parmi l'exil inutile le Cygne.

(1885)

135

LE VIERGE, LE VIVACE...
COMMENTAIRE

Le "sonnet du cygne" est un des plus célèbres de Mallarmé. C'est un poème typique du symbolisme. Il ne contient pas une seule comparaison, mais au contraire un seul symbole très uni: le cygne, qui représente le poète.

Le poète se plaint et s'accuse d'avoir vécu une longue période de stérilité artistique, de n'avoir pas écrit — ou pas réussi à écrire — d'oeuvres poétiques. Comme le cygne est prisonnier des glaces le poète est captif de sa stérilité.

Remarquer que toutes les rimes contiennent le son "i", sonorité stridente assez rarement utilisée comme rime en français, et qui suggère le froid, la peur et un cri de douleur.

Premier quatrain: Cette première strophe ne dit pas de quoi on parle. Quelles sont les qualités attribuées à "aujourd'hui"? Ces qualités louangeuses suggèrent un espoir, une promesse. Noter que le "nous" indique qu'il y a une proximité, une fraternité entre le poète et la chose non citée dont on parle. L'adjectif "transparent" peut suggérer non seulement la dureté (comme le verre) de la glace, mais aussi le fait qu'à travers le glacier on peut apercevoir les vols tant espérés. Noter l'abondance des sons "i" à l'intérieur des vers.

Deuxième quatrain: La métaphore se déclare. Quel sens attribuer au qualificatif "d'autrefois"? "Sans espoir se délivre" "s'efforce en vain de se délivrer." Noter l'antithèse entre l'effort du cygne et l'absence d'espoir. "Il n'a pas chanté la région où vivre". Le cygne se sent donc coupable de n'avoir pas fui l'hiver, de n'avoir pas chanté le pays où doivent vivre les cygnes. Quelle est cette région?

Premier tercet: Noter que "l'agonie" signifie le dernier combat contre la mort. Cette agonie a été infligée, comme une punition. Et cependant l'oiseau continue à lutter, il nie. La négation "Mais non" indique que le cygne ne pourra pas se libérer, qu'il perd l'espoir.

Deuxième tercet: Le cygne du vers 5 est maintenant un fantôme (noter le choix parfait du mot.) "Son pur éclat" symbolise les dons du poète. Maintenant il devient immobile (désespéré? gelé? mort?) "L'exil inutile"-l'exil infécond. Il accepte avec mépris cet exil dont il n'a pu s'échapper.

L'admirable ironie est évidemment que cette douloureuse complainte du poète représente en elle-même l'envol délivrant, ce "coup d'aile ivre".

L'oiseau a souvent été utilisé comme allégorie du poète, surtout au dix-neuvième siècle. Il est intéressant de comparer ce "sonnet du cygne" à "L'Albatros" de Baudelaire, par exemple.

TOUTE L'ÂME RÉSUMÉE...

Toute l'âme résumée
Quand lente nous l'expirons
Dans plusieurs ronds de fumée
Abolis en autres ronds

5 Atteste quelque cigare
Brûlant savamment pour peu
Que la cendre se sépare
De son clair baiser de feu

Ainsi le chœur des romances
10 A la lèvre vole-t-il
Exclus-en si tu commences
Le réel parce que vil

Le sens trop précis rature*   *efface, annulle
Ta vague littérature

(1895)

PAUL VERLAINE
(1844-1896)

Paul Verlaine est né à Metz, dans le nord-est de la France, mais sa famille s'installa à Paris en 1851. Il commença très jeune à écrire des vers et devint l'ami de plusieurs poètes déjà célèbres. Son premier recueil, *Poèmes Saturniens,* parut en 1866.

Verlaine était un homme rêveur, passionné et hypersensible. Il avait le tempérament très angoissé; il commença à boire et tomba souvent dans des crises de rage violente. Après un mariage de courte durée il mena une vie vagabonde. Avec Arthur Rimbaud, de dix ans plus jeune que lui, il voyagea en Angleterre et en Belgique. A Bruxelles, les deux poètes eurent une querelle violente. Au cours de la discussion, Verlaine, furieux et probablement ivre, blessa son ami d'une balle de revolver. Il fut condamné à deux ans de prison.

Pendant son séjour en prison, Verlaine se repentit de sa vie dissolue et se reconvertit au catholicisme (qu'il avait abandonné dans sa jeunesse.) Pendant quelques années il vécut une vie humble et calme. Il tint plusieurs postes de professeur en Angleterre et en France, puis il acheta une ferme qu'il essaya d'exploiter, mais sans grand succès.

De retour à Paris, Verlaine ne tarda pas à retomber dans l'ivrognerie et la débauche. Il continua à écrire, publiant plusieurs recueils (*Sagesse,* 1881; *Amour,* 1888, etc.) Mais sa vie devint de plus en plus débauchée et il connut bientôt la pauvreté et la maladie. Il était cependant une sorte de légende vivante, célèbre par sa misère et sa débauche autant que par ses oeuvres poétiques. Après plusieurs séjours dans divers hôpitaux, le "poète maudit" mourut dans la misère mais il reçut des funérailles officielles auxquelles assistèrent un grand nombre de poètes, d'écrivains et d'admirateurs.

La poésie de Paul Verlaine est d'une grande spontanéité, sans intellectualisme ni effets de rhétorique. Sa gamme d'émotions est vaste: douleur, mélancolie, regret, besoin de tendresse, ferveur religieuse, etc. Non seulement communique-t-il ses émotions dans une langue naturelle et souple, mais il les fait sentir par des sensations et des impressions originales. Il y a aussi dans sa poésie une grande originalité de rythmes: les alexandrins ont souvent trois accents (au lieu des quatre accents traditionnels.) Plus qu'aucun autre poète, Verlaine favorise les vers impairs (de 3, 5, 7, et même 11 et 13 syllabes.)

Sa poésie est avant tout suggestive, musicale, charmante. "De la musique avant toute chose, Et pour cela préfère l'impair" écrivit-til dans *Art poétique* en 1874. De nombreux poèmes de Verlaine ont d'ailleurs été mis en musique par Chausson, Charpentier, Debussy, Fauré et d'autres. On a dit que Verlaine a dématérialisé la poésie. Un poème de Verlaine communique un état d'âme, un sentiment, une émotion et suscite la sympathie pleine d'affection de la part du lecteur.

CHANSON D'AUTOMNE

Les sanglots longs
Des violons
  De l'automne
Blessent mon cœur
5 D'une langueur
  Monotone.

Tout suffocant
Et blême, quand
  Sonne l'heure,
10 Je me souviens
Des jours anciens
  Et je pleure,

Et je m'en vais
Au vent mauvrais
15 Qui m'emporte
Deçà, delà,
Pareil à la
  Feuille morte.

(*Poèmes saturniens,* 1866)

140

LE CIEL EST PAR-DESSUS LE TOIT...

Le ciel est, par-dessus le toit,
  Si bleu, si calme!
Un arbre, par-dessus le toit,
  Berce sa palme.

5 La cloche, dans le ciel qu'on voit
  Doucement tinte.*   *sonne
Un oiseau sur l'arbre qu'on voit
  Chante sa plainte.

Mon Dieu, mon Dieu, la vie est là,
10 Simple et tranquille.
Cette paisible rumeur-là
  Vient de la ville.

—Qu'as-tu fait, ô toi que voilà
  Pleurant sans cesse,
Dis, qu'as-tu fait, toi que voilà,
15 De ta jeunesse?

      (*Sagesse,* 1881)
      (Manuscrit: 1873)

LE CIEL EST PAR-DESSUS LE TOIT
COMMENTAIRE

Poème écrit en 1873 quand Verlaine était en prison après avoir tiré un coup de revolver sur son ami Rimbaud. C'est une rêverie sentimentale qui mène à une suite de lamentations et exprime un état d'âme.

Première strophe: Qu'est-ce que le narrateur voit? Le paysage est-il limité? Quelle répétition indique ces limites? Quels mots expriment l'atmosphère du paysage?

Deuxième strophe: Les observations visuelles cèdent la place aux sensations auditives. De cette façon le monde et les pensées du narrateur s'élargissent (car le poète entend plus qu'il ne peut voir.) Quelle unité de ton y a-t-il avec la première strophe? Commenter le dernier mot de la strophe. Que suggère-t-il?

Troisième strophe: Après les impressions paisibles des vers 1 à 8, la rêverie disparaît et devient lamentation. Qu'est-ce qui est sous-entendu dans la phrase "la vie est là" (v. 9)? Qu'est-ce que le poète entend maintenant (v. 11)? Comment le texte fait-il comprendre l'isolement, la solitude du poète?

Quatrième strophe: Qui parle? Y a-t-il une différence de ton entre la première et la deuxième apostrophe (vers. 13 et 15)? Quelle est la réponse à la question posée?

Le dernier mot du poème renvoie au "ciel" du début. Que symbolise alors le ciel? Quel est l'état d'âme du poète? Cet état d'âme a-t-il été décrit? Comment est-il communiqué au lecteur?

ARTHUR RIMBAUD
(1854-1891)

C'est dans une famille paysanne de Charleville (Ardennes) qu'est né Arthur Rimbaud. Son père, capitaine d'infanterie, avait abandonné le logis familial; sa mère était sévère, et Arthur se rebella très tôt contre elle. Au collège de Charleville il se fit très tôt remarquer par ses dons exceptionnels. Son professeur de français l'encouragea à écrire et, dès 1870, il publiait ses premières oeuvres dans divers journaux régionaux. Les tourments qui accompagnèrent la guerre franco-prussienne accentuèrent l'attitude de révolte du jeune Rimbaud: à trois reprises il s'enfuit du logis familial. De tempérament haineux, anti-religieux, arrogant, le jeune homme était un lecteur vorace et un écrivain iconoclaste, attaquant les convenances et les opinions politiques de son époque. En 1871 il réalisa son rêve d'aller à Paris, où il se lia d'amitié avec le poète Paul Verlaine, son aîné de dix ans. Les deux écrivains vécurent ensemble une existence dissolue, faisant plusieurs voyages en Belgique et à Londres. Leur association tourmentée fut marquée, à Bruxelles, d'une querelle au cours de laquelle Rimbaud fut blessé d'un coup de revolver (Verlaine fut condamné à deux ans de prison.)

L'activité littéraire de Rimbaud fut fiévreuse mais de courte durée: chansons, pastiches, poèmes en vers et en prose se succédèrent rapidement entre les années 1870 et 1875 (mais beaucoup ne furent publiés que plus tard). Il semble que Rimbaud cessa d'écrire en 1875. Il commença alors une carrière de voyages mouvementés et aventureux: à Java avec l'armée hollandaise; en Autriche et en Allemagne, comme interprète pour un cirque itinérant; à Chypre. De 1880 à 1891, il vécut en Arabie et en Abyssinie, où il fit du commerce (de café, d'ivoire, de peaux, et même d'armes) et de l'exploration. Atteint d'une tumeur au genou, il dut rentrer en France. Mais il était trop tard: l'amputation de la jambe ne put empêcher la propagation du cancer généralisé dont il mourut à l'âge de trente-sept ans, ignorant tout de sa réputation littéraire grandissante. Verlaine avait en effet assuré la publication, en 1886, des "Illuminations", recueil de poèmes écrits plus de douze années auparavant.

Génie précoce et violent, Rimbaud alla plus loin que ses prédécesseurs dans l'exploration du subconscient. Lui-même influencé par Baudelaire, il influença toute la poésie française après lui, et est considéré comme un des précurseurs du symbolisme et même du surréalisme.

Reprenant la "recherche du nouveau" entreprise par Baudelaire (voir "Le voyage") Rimbaud poursuivit une esthétique originale par des moyens révolutionnaires et troublants. Dans une lettre datant de 1871, il expliquait à son ami Paul Demeny: "Je dis qu'il faut être *voyant,* se faire *voyant.*—Le Poète se fait *voyant* par un long, immense et raisonné *dérèglement* de *tous les sens.* Toutes les formes d'amour, de souffrance, de folie; il cherche lui-même, il épuise en lui tous les poisons, pour n'en garder que les quintessences."

"Le Bateau ivre", écrit tout de suite avant son premier voyage à Paris en 1871, n'est qu'un commencement. Les poèmes en prose publiés plus tard sous le titre collectif "Illuminations" (mot anglais signifiant "decorations in color or gold, as in capital letters or margins of medieval manuscripts") contiennent des images superposées, des sensations étranges, des hallucinations inaccessibles, juxtaposées de façon déroutante. Dans "Une Saison en enfer" (1873) Rimbaud définit assez clairement sa méthode: "Je m'habituai à l'hallucination simple: je voyais très franchement une mosquée à la place d'une usine, une école de tambours faite par des anges, des calèches sur les routes du ciel, un salon au fond d'un lac; les monstres, les mystères; un titre de vaudeville dressait des épouvantes devant moi. Puis j'expliquai mes sophismes magiques avec l'hallucination des mots! Je finis par trouver sacré le désordre de mon esprit." Un peu plus loin, il annonce la fin de sa recherche littéraire (à l'âge de dix-neuf ans!): "J'ai essayé d'inventer de nouvelles fleurs, de nouveaux astres, de nouvelles chairs, de nouvelles langues. J'ai cru acquérir des pouvoirs surnaturels. Eh bien! je dois enterrer mon imagination et mes souvenirs! Une belle gloire d'artiste et de conteur emportée!"

144

ROMAN

I

On n'est pas sérieux, quand on a dix-sept ans.
—Un beau soir, foin* des bocks** et de la limonade,
Des cafés tapageurs aux lustres éclatants!
—On va sous les tilleuls* verts de la promenade.

*expression de dégoût
("to hell with . . .")
**verres de bière
*"linden tree"

5 Les tilleuls sentent bon dans les bons soirs de juin!
L'air est parfois si doux, qu'on ferme la paupière;
Le vent chargé de bruits, —la ville n'est pas loin,—
A des parfums de vigne et des parfums de bière...

II

—Voilà qu'on aperçoit un tout petit chiffon
10 D'azur sombre, encadré d'une petite branche,
Piqué* d'une mauvaise étoile, qui se fond
Avec de doux frissons, petite et toute blanche...

*attaché avec une épingle
("pinned with")

Nuit de juin! Dix-sept ans! —On se laisse griser.
La sève est du champagne et vous monte à la tête...
15 On divague; on se sent aux lèvres un baiser
Qui palpite là, comme une petite bête...

III

Le coeur fou Robinsonne* à travers les romans,
—Lorsque, dans la clarté d'un pâle réverbère,
Passe une demoiselle aux petits airs charmants,
20 Sous l'ombre du faux-col* effrayant de son père...

*voyage comme Robinson
Crusoe

*col détachable

Et, comme elle vous trouve immensément naïf,
Tout en faisant trotter ses petites bottines,
Elle se tourne, alerte et d'un mouvement vif...
—Sur vos lèvres alors meurent les cavatines*...

*petit air de musique

IV

25 Vous êtes amoureux. Loué jusqu'au mois d'août.
Vous êtes amoureux. —Vos sonnets la font rire.
Tous vos amis s'en vont, vous êtes mauvais goût.
—Puis l'adorée, un soir, a daigné vous écrire! ...

—Ce soir-là,...—vous rentrez aux cafés éclatants,
30 Vous demandez des bocks ou de la limonade...
—On n'est pas sérieux, quand on a dix-sept ans
Et qu'on a des tilleuls verts sur la promenade.

(1870)

145

ROMAN

COMMENTAIRE

Que signifie le titre du poème? Noter la division très nette en strophes numérotées; donner un titre à chacune des strophes (cela montrera clairement l'évolution du "roman" dont il s'agit.) Noter aussi la syntaxe très simple, qui est presque de la prose, ainsi que le vocabulaire très familier. Pourquoi le poète a-t-il choisi cette simplicité d'expression?

Quel est le cadre du poème? Où, et quand, se passe ce "roman"? Noter la ponctuation: que suggèrent les nombreux tirets et points de suspension? Dans la première moitié de l'oeuvre, l'auteur utilise le pronom "on"; dans la deuxième partie, il le remplace par "vous". Quel est l'effet de ce changement? Quel aurait été l'effet du pronom "je" à la place des pronoms que Rimbaud a utilisés ici?

Notez bien qu'il s'agit ici d'un spectateur et d'un protagoniste — qui sont tous deux l'auteur du poème. Quels sont les sentiments du protagoniste, et quels sont les sentiments du spectateur envers le protagoniste? Décrivez les émotions du protagoniste dans la première et la dernière strophe; sont-ce les mêmes?

LE DORMEUR DU VAL

C'est un trou de verdure où chante une rivière
Accrochant follement aux herbes des haillons[*]   *"rags"
D'argent; où le soleil, de la montagne fière,
Luit: c'est un petit val qui mousse de rayons.

5   Un soldat jeune, bouche ouverte, tête nue,
Et la nuque baignant dans le frais cresson bleu,
Dort; il est étendu dans l'herbe, sous la nue,
Pâle dans son lit vert où la lumière pleut.

Les pieds dans les glaïeuls,[*] il dort. Souriant comme   *"gladioli"
10 Sourirait un enfant malade, il fait un somme:
Nature, berce-le chaudement: il a froid.

Les parfums ne font pas frissonner sa narine;
Il dort dans le soleil, la main sur la poitrine
Tranquille. Il a deux trous rouges au côté droit.

(1870)

LE DORMEUR DU VAL
COMMENTAIRE

Ce sonnet décrit une scène, un tableau statique. Cette scène contient un contraste si fort qu'elle choque; c'est bien ce qu'a voulu le poète.

Premier quatrain: quel est le ton? Noter les enjambements (v. 2-3 et 3-4). Quels mots sont accentués au moyen de ces enjambements?

Deuxième quatrain: le personnage est introduit. Noter encore le rejet, au vers 7, du mot "dort". Quel est l'effet de ce rejet? Comment est décrit le personnage? Que fait-il? Quelle est l'ambiance de cette strophe?

Les tercets: noter la répétition de l'action "il dort" et "il fait un somme". Quel est l'effet de cette répétition? Quel mot du premier tercet annonce le choc de la fin? Au deuxième tercet, noter encore une fois la reprise de "il dort". Etudier le changement progressif et subtil d'interprétation qui accompagne chaque reprise de cette action. Noter une fois de plus le rejet (v. 13-14).

Etudier l'emploi des couleurs dans ce sonnet. Etudier aussi les sonorités. (Noter les sonorités "ou" et "u"; quand apparaissent-elles? Que suggèrent-elles?)

Quelle succession d'émotions vous sont communiquées par ce poème? Comment l'auteur a-t-il obtenu l'effet qu'il cherchait?

MA BOHÈME
(*Fantaisie*)

Je m'en allais, les poings dans mes poches crevées.
Mon paletot* aussi devenait idéal;
J'allais sous le ciel, Muse! et j'étais ton féal*;
Oh! là! là! que d'amours splendides j'ai rêvées!

*"overcoat"
*fidèle serviteur

5 Mon unique culotte avait un large trou.
— Petit-Poucet* rêveur, j'égrenais† dans ma course
Des rimes. Mon auberge était à la Grande-Ourse*.
— Mes étoiles au ciel avaient un doux frou-frou

*"Tom Thumb"
†je comptais
*Constellation of
the Big Dipper

Et je les écoutais, assis au bord des routes,
10 Ces bons soirs de septembre où je sentais des gouttes
De rosée* a mon front, comme un vin de vigueur;

*"dew"

Où, rimant au milieu des ombres fantastiques,
Comme des lyres, je tirais les élastiques
De mes souliers blessés, un pied près de mon cœur!

(1870)

MA BOHÈME
(*Fantaisie*)

COMMENTAIRE

Le sous-titre de ce sonnet en caractérise le ton. Rechercher au dictionnaire les divers sens de ce mot (qui est différent de l'anglais "fantasy".) Noter que tous les verbes sont à l'imparfait. Qu'est-ce que cela semble indiquer?

Premier quatrain: Noter le contraste entre l'état des vêtements du poète et son état d'esprit. Pour apprécier la valeur donnée à l'adjectif "idéal" (vers 2), en rechercher l'étymologie. Le poète "s'en allait". Vers où? Avait-il une destination précise, un but défini? Était-ce une simple promenade? Un voyage? Une fugue? Quel ton est indiqué par la ponctuation (vers 3–4)? Rapprocher le dernier mot des vers 2 et 4; qu'ont-ils en commun?

Deuxième quatrain: Quelle image est introduite par la mention du Petit-Poucet? Remarquer le choix du mot "culotte" (non pas "pantalon"). Quelle différence y a-t-il entre les deux? Montrer que l'enjambement (vers 6–7) correspond bien au sens du texte. Noter que la métaphore du vers 8 est bien plutôt une "correspondance" entre le scintillement des étoiles et la musique (dans l'esprit du poète.)

Premier tercet: qu'est-ce que le narrateur écoutait? Que suggère la comparaison du vers 11 ("vin de vigueur")?

Deuxième tercet: Commenter le choix de l'adjectif "fantastique", en particulier dans ce contexte-ci. Commenter le choix de l'instrument (la lyre). Noter l'humour de la comparaison du vers 13, qui reprend la description des vêtements au début du poème. Noter aussi la grâce donnée à un geste, à une position qui n'est pourtant guère élégante!

Remarquer à combien sens le poète fait appel dans ce petit poème: le toucher, la vue, l'ouïe (et même, indirectement, l'odorat et le goût). De même, combien d'émotions différentes sont mentionnées ou sous-entendues dans le poème?

VOYELLES

A noir, E blanc, I rouge, U vert, O bleu: voyelles,
Je dirai quelque jour vos naissances latentes:
A, noir corset velu* des mouches éclatantes   *couvert de poils
Qui bombinent* autour des puanteurs** cruelles,   *volent (mot inventé
                                                        par Rimbaud)
5 Golfes d'ombre; E, candeurs des vapeurs et des tentes,   **mauvaises odeurs
Lances des glaciers fiers, rois blancs, frissons d'ombelles;*   *plantes ayant la
I, pourpres, sang craché, rire des lèvres belles   forme d'un parasol
Dans la colère ou les ivresses pénitentes;

U, cycles, vibrements divins des mers virides,*   *vertes
10 Paix des pâtis* semés d'animaux, paix des rides   *pâturages
Que l'alchimie imprime aux grands fronts studieux;

O, suprême Clairon plein des strideurs* étranges   *bruits stridents (mot
Silences traversés des Mondes et des Anges: inventé par Rimbaud)
—O l'Oméga, rayon violet de Ses Yeux!

                                                  (1870)

VOYELLES

COMMENTAIRE

Ce poème, le plus mystifiant de toute l'oeuvre de Rimbaud, a donné lieu à un grand nombre d'efforts d'interprétation. Il ne faut sans doute pas chercher une interprétation trop rigide ou précise à ce qui n'est, après tout, que poésie pure. En accordant des qualités étranges à des notions familières, le poète crée un monde nouveau, monde qui se soustrait aux méthodes logiques et scientifiques que nous aimons appliquer.

Certains ont vu dans "Voyelles" une contribution aux "correspondances" baudelairiennes; d'autres y voient un pur jeu d'imagination. D'autres encore donnent à ce poème une interprétation religieuse, ou même franchement et exclusivement sexuelle. Deux points valent d'être notés:

(1) Structure du poème: noter le passage progressif d'images basses, primaires ("mouches", v. 3) aux images de la nature ("glaciers" et "ombelles", v. 6; "mers virides" v. 9, et "pâtis", v. 10), en passant par l'homme avec ses émotions et ses faiblesses ("sang craché" et "rire des lèvres belles", v. 7; "colère" et "ivresses", v. 8), pour arriver enfin au surhumain ("Anges", v. 13, "l'Oméga", v. 14) Les majuscules des deux derniers mots semblent indiquer qu'il s'agit de Dieu.

(2) Interprétation purement verbale des couleurs; de toutes les interprétations tentées, la suivante donne le plus de satisfaction:
A noir, parce que l'adjectif contient le son "a",
E blanc, par opposition au noir,
I rouge, parce que bleu ferait une allitération avec blanc, et parce que vert ferait un jeu de mot (hiver),
O bleu, pour éviter le jeu de mot (ovaire),
U vert, la seule couleur qui reste, si on note que Rimbaud a très peu utilisé la couleur jaune.
Enfin, les voyelles O et U sont inverties pour éviter l'hiatus (bleu-U).
(Voir: C. Chadwick, *Etudes sur Rimbaud,* Paris, 1960, pp. 27-40)

LE BATEAU IVRE

Comme je descendais des Fleuves impassibles,
Je ne me sentis plus guidé par les haleurs*:   *hommes qui tirent les bateaux
Des Peaux-Rouges criards les avaient pris pour cibles, au moyen de cordes.
Les ayant cloués nus aux poteaux de couleurs.

5 J'étais insoucieux de tous les équipages,
Porteur de blés flamands* ou de cotons anglais.   *de Flandre
Quand avec mes haleurs ont fini ces tapages,
Les Fleuves m'ont laissé descendre où je voulais.

Dans les clapotements furieux des marées,
10 Moi, l'autre hiver, plus sourd que les cerveaux d'enfants,
Je courus! et les Péninsules démarrées*   *détachées
N'ont pas subi tohu-bohus* plus triomphants.   *grands bouleversements

La tempête a béni mes éveils maritimes.
Plus léger qu'un bouchon j'ai dansé sur les flots
15 Qu'on appelle rouleurs éternels de victimes,
Dix nuits, sans regretter l'œil niais des falots*!   *lanternes

Plus douce qu'aux enfants la chair des pommes sures,
L'eau verte pénétra ma coque* de sapin   *carcasse d'un bateau ("shell")
Et des taches de vins bleus et des vomissures
20 Me lava, dispersant gouvernail* et grappin.**   *"rudder" **petit ancre

Et, dès lors, je me suis baigné dans le Poème
De la Mer, infusé d'astres, et lactescent,*   *qui ressemble à du lait
Dévorant les azurs verts où, flottaison* blême**   *objet qui flotte **pâle
Et ravie, un noyé pensif parfois descend;

25 Où, teignant tout à coup les bleuités, délires
Et rythmes lents sous les rutilements* du jour,   *brillances, incandescences
Plus fortes que l'alcool, plus vastes que nos lyres,
Fermentent les rousseurs amères de l'amour!

Je sais les cieux crevant en éclairs, et les trombes
30 Et les ressacs* et les courants: je sais le soir,   *"surf"
L'Aube exaltée ainsi qu'un peuple de colombes,
Et j'ai vu quelquefois ce que l'homme a cru voir!

J'ai vu le soleil bas, taché d'horreurs mystiques,
Illuminant de longs figements* violets,   *coagulations
35 Pareils à des acteurs de drames très antiques,
Les flots roulant au loin leurs frissons de volets!

J'ai rêvé la nuit verte aux neiges éblouies,
Baiser montant aux yeux des mers avec lenteurs,
La circulation des sèves* inouïes,**   *"sap"
40 Et l'éveil jaune et bleu des phosphores chanteurs!   **extraordinaires

J'ai suivi, des mois pleins, pareille aux vacheries
Hystériques, la houle* à l'assaut des récifs,   *"swell (of the ocean)"
Sans songer que les pieds lumineux des Maries*   *allusion au village de
Pussent forcer le mufle* aux Océans poussifs!   Saintes-Maries, au bord
                                                             de la Méditerranée
45 J'ai heurté, savez-vous, d'incroyables Florides   *nez (d'un animal)
Mêlant aux fleurs des yeux de panthères à peaux
D'hommes! Des arcs-en-ciel tendus comme des brides,
Sous l'horizon des mers, à de glauques* troupeaux!   *vert-bleu

J'ai vu fermenter les marais énormes, nasses*   *"fishing nets"
50 Où pourrit dans les joncs tout un Léviathan*!   *monstre marin
Des écroulements d'eaux au milieu des bonaces*   *temps calme
Et les lointains vers les gouffres cataractant!

Glaciers, soleils d'argent, flots nacreux,* cieux de braises! *"pearly"
Échouages* hideux au fond des golfes bruns   *"running aground"
55 Où les serpents géants dévorés des punaises*   *"bed bugs"
Choient,* des arbres tordus, avec de noirs parfums!   *tombent

J'aurais voulu montrer aux enfants ces dorades*   *"sea bream"
Du flot bleu, ces poissons d'or, ces poissons chantants.
—Des écumes* de fleurs ont bercé mes dérades **   *"foam"
60 Et d'ineffables vents m'ont ailé par instants.   * *voyages sans but

Parfois, martyr lassé des pôles et des zones,
La mer dont le sanglot faisait mon roulis* doux   *"rolling"
Montait vers moi ses fleurs d'ombre aux ventouses* jaunes
Et je restais, ainsi qu'une femme à genoux,   *"suckers"

65 Presque île, ballottant* sur mes bords les querelles   *agitant
Et les fientes* d'oiseaux clabaudeurs** aux yeux blonds, *excréments
Et je voguais, lorsqu'à travers mes liens frêles
Des noyés descendaient dormir, à reculons! . . .   **tapageurs

Or moi, bateau perdu sous les cheveux des anses,*   *petites baies
70 Jeté par l'ouragan dans l'éther sans oiseau,
Moi dont les Monitors* et les voiliers des Hanses**   *bateaux de guerre
N'auraient pas repêché la carcasse ivre d'eau;   **association commerciale
                                                            ("Hanseatic league")
Libre, fumant, monté de brumes violettes, ;
Moi qui trouais le ciel rougeoyant comme un mur
75 Qui porte, confiture exquise aux bons poètes,
Des lichens de soleil et des morves* d'azur;   *substances muqueuses

154

Qui courais, taché de lunules* électriques,   *satellites
Planche folle, escorté des hippocampes* noirs,   *"sea horse"
Quand les juillets faisaient crouler à coups de triques*   *gros bâtons
80 Les cieux ultramarins aux ardents entonnoirs;*   *"funnels"

Moi qui tremblais, sentant geindre* à cinquante lieues   *se plaindre
Le rut des Béhémots* et les Maelstroms épais,   *monstres marins
Fileur* éternel des immobilités bleues,   *"drifter"
Je regrette l'Europe aux anciens parapets!

85 J'ai vu des archipels sidéraux! et des îles
Dont les cieux délirants sont ouverts au vogueur:
—Est-ce en ces nuits sans fond que tu dors et t'exiles,
Million d'oiseaux d'or, ô future Vigueur?—

Mais, vrai, j'ai trop pleuré! Les Aubes sont navrantes,* *"heartbreaking"
90 Toute lune est atroce et tout soleil amer:
L'âcre amour m'a gonflé de torpeurs enivrantes.
O que ma quille* éclate! O que j'aille à la mer!   *"keel"

Si je désire une eau d'Europe, c'est la flache*   *flaque, petite mare
Noire et froide où vers le crépuscule embaumé
95 Un enfant accroupi, plein de tristesses, lâche
Un bateau frêle comme un papillon de mai.

Je ne puis plus, baigné de vos langueurs, ô lames,
Enlever leur sillage* aux porteurs de cotons,   *trace formée derrière
    un bateau
Ni traverser l'orgueil des drapeaux et des flammes,*   *drapeaux longs
100 Ni nager sous les yeux horribles des pontons!   et étroits

(1871)

155

LE BATEAU IVRE
COMMENTAIRE

Ce poème, le plus célèbre de toute l'oeuvre de Rimbaud, a été écrit lorsque l'auteur avait dix-sept ans. Il exprime le sentiment de révolte et le désir d'évasion du jeune homme, qui déteste tout ce qui l'entoure: sa vie bourgeoise et provinciale. Dans ce poème très original, c'est un bateau qui parle, un bateau fluvial qui s'est échappé et qui flotte en haute mer.

Le poème peut se diviser en trois parties; (1) L'évasion (v. 1-28), (2) le voyage (v. 29-88), (3) l'épuisement navré accompagné du désir de retour (v. 89-100). Le bateau est évidemment une allégorie qui représente le poète.

Première partie (v. 1-28): Noter les images vives (v. 3-4, 14, 17-20) et les sonorités (v. 12) ainsi que les couleurs (v. 3, 18, 19, 22, 25, 28.)

Deuxième partie (v. 29-88): Noter la progression dans le choix des mots au début des strophes: "Je sais", J'ai vu", J'ai rêvé", "J'ai suivi", "J'ai heurté". Etudier encore les couleurs (v. 34, 37, 40, 47, 48, 53, 54, 56, 58, 63, 66, 73, 76, 78, 80, 83) et les sonorités (v. 41-42, 52, 62, 65-66, 88-89). Remarquer aussi les images violentes et inattendues (v. 41-44, 45-58, 55, 68.)

Il faut remarquer l'évolution graduelle de cette seconde partie: les strophes du début comportent une phrase chacune; ensuite viennent deux phrases plus longues. La première de ces deux phrases (v. 61-68) contient une note de fatigue et se termine sur un point de suspension. La deuxième (v. 69-84) contient une très évidente note de regret et d'épuisement. Enfin, la dernière strophe de cette partie contient une question qui trahit la perplexité pathétique du voyageur, qui n'a pas trouvé ce qu'il cherchait dans cette folle aventure. Que représente la "future Vigueur" (v. 88)? Noter la prosopopée.

Troisième partie: (v. 89-100): la couleur dominante ici est le noir (v. 94); quels sont les sentiments dominants? Enumérez-les. A la fin du voyage, le voyageur se retrouve devant la réalité décevante à laquelle il a essayé — inutilement, car il faut toujours y revenir — d'échapper.

Les nombreuses analogies entre le bateau et un enfant (v. 10, 17, 57, 95) indiquent clairement de qui il s'agit. On peut bien dire que nous lisons ici une oeuvre autobiographique, dans un sens. Ce voyage est-il le produit d'une orgie (v. 16) alcoolique, ou narcotique, ou amoureuse (v. 19, 28, 91), ou plutôt d'une "orgie poétique pure"? Ce que l'on sait de la vie de Rimbaud porte à croire à cette deuxième interprétation. Elle peut d'ailleurs s'appuyer sur le texte (Cf. v. 21-22: ". . . je me suis baigné dans le Poème de la Mer. . .") Ce qui compte, c'est que le jeune poète a découvert un univers nouveau, fait d'images inattendues, d'euphonies nouvelles — et c'est bien ainsi qu'il a réussi à entrevoir cet univers neuf (Cf. v. 32: "Et j'ai vu quelquefois ce que l'homme a cru voir".)

156

VILLE

Je suis un éphémère et point trop mécontent
citoyen d'une métropole crue moderne parce que
tout goût connu a été éludé* dans les ameublements   *évité
et l'extérieur des maisons aussi bien que dans le plan
5 de la ville. Ici vous ne signaleriez les traces d'aucun
monument de superstition. La morale et la langue
sont réduites à leur plus simple expression, enfin!
Ces millions de gens qui n'ont pas besoin de se connaître
amènent si pareillement l'éducation, le métier et la
10 vieillesse, que ce cours de vie doit être plusieurs fois
moins long que ce qu'une statistique folle trouve pour
les peuples du continent. Aussi comme, de ma fenêtre,
je vois des spectres nouveaux roulant à travers
l'épaisse et éternelle fumée de charbon,—notre ombre
15 des bois, notre nuit d'été!—des Erinnyes* nouvelles,   *déesses de la
devant mon cottage qui est ma patrie et tout mon   vengeance
cœur puisque tout ici ressemble à ceci,—la Mort sans
pleurs, notre active fille et servante, un Amour désespéré
et un joli Crime piaulant* dans la boue de la rue.   *criant

(*Les Illuminations*, circa 1872, publié en 1886.)

VILLE

COMMENTAIRE

Ce poème en prose, écrit vraisemblablement lorsque Rimbaud était à Londres, contient plusieurs éléments réalistes et autobiographiques. Il est intéressant d'y rechercher tous les détails qui semblent s'appliquer à la ville de Londres au dix-neuvième siècle (plutôt qu'à une autre ville).

ligne 1: commenter le choix de l'adjectif "éphémère". Qu'indique-t-il sur le séjour du poète dans cette ville (ou sur la terre)?

ligne 2: que pense l'auteur de cette métropole "moderne"?

lignes 6–7: quel sens attribuer à l'expression "monument de superstition"? Le poète approuve-t-il ou non "la morale et la langue" de ce pays?

lignes 8–12: à qui s'opposent "ces millions de gens"? Comment sont évoquées leur solitude et la monotonie de leur vie? Comment interpréter les mots "une statistique folle"?

ligne 12: la fenêtre du poète est son poste d'observation. Ceci (comme l'ensemble du poème) semble indiquer que le narrateur ne prend aucune part aux activités de cette ville.

lignes 14–15: noter la nostalgie de l'expression "notre ombre des bois, notre nuit d'été!"? A quoi pense l'auteur? Quel sentiment est introduit par la mention des Erinnyes?

ligne 16: que représente "mon cottage" pour le poète?

lignes 17–19: commenter les oxymorons "Mort sans pleurs", "Amour désespéré" et "joli Crime". Qu'expriment-ils concernant les impressions du poète sur cette ville?

Quel est le ton de l'ensemble du poème? Comment le réconcilier avec l'expression "point trop mécontent" de la ligne 1?

AUBE

J'ai embrassé l'aube d'été.

Rien ne bougeait encore au front des palais.

L'eau était morte. Les camps d'ombres ne quittaient pas la route
du bois. J'ai marché, réveillant les haleines vives et tièdes; et les
5 pierreries regardèrent, et les ailes se levèrent sans bruit.

La première entreprise fut, dans le sentier déjà empli de frais *pâles
et blêmes* éclats, une fleur qui me dit son nom. *"waterfall"

Je ris au wasserfall* blond qui s'échevela** à travers les sapins: (mot allemand)
à la cime* argentée je reconnus la déesse. **se mit les che-
veux en désordre
10 Alors je levai un à un les voiles. Dans l'allée, en agitant les *sommet
bras. Par la plaine, où je l'ai dénoncée au coq. A la grand'ville, elle
fuyait parmi les clochers et les dômes; et, courant comme un
mendiant* sur les quais de marbre, je la chassais. *"beggar"

En haut de la route, près d'un bois de lauriers, je l'ai entourée
15 avec ses voiles amassés, et j'ai senti un peu son immense corps.

L'aube et l'enfant tombèrent au bas du bois.

Au réveil, il était midi.

(*Les Illuminations* - circa 1872, publié en 1886.)

159

AUBE

COMMENTAIRE

Il s'agit de bien comprendre que cette évocation va beaucoup plus loin qu'une simple description. Etudier le ton général et les émotions assez puissantes que contient ce petit poème en prose.

ligne 1: C'est une déclaration. Quel en est le ton? Noter l'emploi de la première personne; noter aussi le choix du verbe.

lignes 2-5: Remarquer les très nombreux éléments qui contribuent à la personnification de la scène. Etudier le choix des adjectifs. Le narrateur est-il simple observateur ou participe-t-il à la scène qu'il décrit?

lignes 6-7: Noter encore le choix des adjectifs (et les "correspondances"!) Comment est-ce que la nature prend l'initiative? Qu'est-ce qui suggère un commencement d'intimité?

lignes 8-9: Quelles couleurs utilise le poète? Que suggèrent-elles? Par quels éléments la personnification est-elle développée? De quelle sorte de déesse peut-il s'agir? Quelles sonorités nous font entendre la scène décrite?

lignes 10-13: Que fait le narrateur maintenant? Où est-il entraîné? Etudier les effets qui accroissent la tension et les émotions. Quels mots suggèrent l'irréalité de la scène? Que fait exactement le narrateur (noter le dernier verbe.)

lignes 14-16: Où sommes-nous maintenant? Que symbolisent les lauriers (et qu'est-ce que ce symbole nous dit sur la poursuite du narrateur?) Quelles actions et quelles sensations sont indiquées par les verbes: "entourer" et "sentir"? Remarquer que le "je" et la "déesse" sont devenus "l'enfant" et "l'aube". Qu'est-ce que cela indique? Quelles sont les connotations du verbe "tombèrent"?

lignes 17: Le réveil présuppose un sommeil; quel a été, pour le poète, ce sommeil?

Etudier les métaphores et les comparaisons.

Quels sentiments vous sont suggérés par cette scène?

GUILLAUME APOLLINAIRE
(1880-1918)

Né à Rome, fils naturel d'une mère italo-polonaise et d'un père italien, Wilhelm Apollinaris Kostrowitzky fit ses études dans divers collèges du Midi de la France. Il travailla ensuite à Paris comme employé de banque, puis comme rédacteur, collaborateur et ensuite fondateur de plusieurs revues littéraires. Il fit la connaissance de la plupart des jeunes peintres de l'époque (Picasso, le Douanier Rousseau, Georges Braque, Raoul Dufy et autres). Ecrivant sous le nom de Guillaume Apollinaire, il fut un vigoureux défenseur de la peinture moderne, et participa aux discussions passionnées des jeunes artistes, qui expérimentaient avec les formes d'expression nouvelles: cubisme, fauvisme, etc.

Apollinaire publia son premier recueil poétique, "Alcools", en 1913. En 1915 il s'engagea comme volontaire et partit pour le front. Il connut les horreurs de la guerre des tranchées, et fut gravement blessé à la tempe en 1916. Il passa les deux dernières années de la guerre à Paris, continuant son oeuvre littéraire et publiant articles, poèmes et un drame surréaliste "Les Mamelles de Tirésias". Il mourut dans l'épidémie mondiale de grippe qui suivit la première grande guerre.

La personnalité d'Apollinaire était complexe et diverse, ce qui s'explique peut-être par son ascendance à la fois italienne et slave. Lecteur avide, esprit curieux, grand voyageur, polyglotte, il acquit une érudition vaste quoique sans profondeur. Esprit original et fantaisiste, il fascinait tous ceux qui le rencontraient. Il eut un assez grand nombre d'aventures sentimentales, aucune de longue durée ("Le Pont Mirabeau" exprime sa mélancolie après sa rupture avec la femme-peintre Marie Laurencin.) Il adopta et adapta dans son oeuvre une foule de tendances nouvelles, les synthétisant de manière originale, ce qui fait de lui le poète le plus représentatif des turbulentes années du début du siècle.

La poésie d'Apollinaire est riche et variée, tant par le fond que par la forme. La variété d'inspirations (souvenirs d'enfance, expériences sentimentales, impressions de guerre, spectacle de la vie quotidienne, appui du monde moderne et actuel, etc.) s'exprime par une variété de techniques: souplesse du vers, diversité des rythmes, vers assonants, suppression de la ponctuation. A ce sujet le poète écrivit: "Le rythme et la coupe des vers voilà la véritable ponctuation et il n'en est pas besoin d'une autre." (Lettre à Henri Martineau, 1913). Un autre aspect de l'innovation formelle d'Apollinaire se trouvera dans la typographie en images du recueil "Calligrammes" (1918), où la disposition des vers sur la page correspond au sens du texte.

Le ton d'Apollinaire n'est jamais l'éloquence; il est toujours frais et franc. Ces caractéristiques font qu'il ne sera pas difficile à l'étudiant d'identifier un poème d'Apollinaire qu'il n'aurait jamais vu auparavant. L'influence de son oeuvre se fait sentir encore dans la poésie d'aujourd'hui. Il ne serait pas faux de dire que l'inattendu, l'insolite des images et des rapprochements que l'on trouve chez Apollinaire ont ouvert la voie aux Surréalistes et à leurs successeurs.

ZONE

A la fin tu es las de ce monde ancien

Bergère ô tour Eiffel le troupeau des ponts bêle ce matin

Tu en as assez de vivre dans l'antiquité grecque et romaine

Ici même les automobiles ont l'air d'être anciennes
5 La religion seule est restée toute neuve la religion
Est restée simple comme les hangars de Port-Aviation

Seul en Europe tu n'es pas antique ô Christianisme
L'Européen le plus moderne c'est vous Pape Pie X
Et toi que les fenêtres observent la honte te retient
10 D'entrer dans une église et de t'y confesser ce matin
Tu lis les prospectus les catalogues les affiches qui
      chantent tout haut
Voilà la poésie ce matin et pour la prose il y a les journaux
Il y a les livraisons à 25 centimes pleines d'aventures
      policières
Portraits des grands hommes et mille titres divers

15 J'ai vu ce matin une jolie rue dont j'ai oublié le nom
Neuve et propre du soleil elle était le clairon
Les directeurs les ouvriers et les belles sténo-dactylographes* *secrétaires
Du lundi matin au samedi soir quatre fois par jour y passent
Le matin par trois fois la sirène y gémit
20 Une cloche rageuse y aboie vers midi
Les inscriptions des enseignes et des murailles   *plaques
Les plaques les avis à la façon des perroquets criaillent   publicitaires
J'aime la grâce de cette rue industrielle
Située à Paris entre la rue Aumont-Thiéville et l'avenue des
      Ternes
25 Voilà la jeune rue et tu n'es encore qu'un petit enfant
Ta mère ne t'habille que de bleu et de blanc
Tu es très pieux et avec le plus ancien de tes camarades
      René Dalize*   *ami du poète
Vous n'aimez rien tant que les pompes de l'Eglise
Il est neuf heures le gaz est baissé tout bleu vous sortez
      du dortoir en cachette
30 Vous priez toute la nuit dans la chapelle du collège

Tandis qu'éternelle et adorable profondeur améthyste*   *de couleur violette
Tourne à jamais la flamboyante gloire du Christ
C'est le beau lys que tous nous cultivons
C'est la torche aux cheveux roux que n'éteint pas le vent
35 C'est le fils pâle et vermeil* de la douloureuse mère   *rouge sombre
C'est l'arbre toujours touffu* de toutes les prières   *épais
C'est la double potence* de l'honneur et de l'éternité   *"gallows"
C'est l'étoile à six branches
C'est Dieu qui meurt le vendredi et ressuscite le dimanche
40 C'est le Christ qui monte au ciel mieux que les aviateurs
Il détient le record du monde pour la hauteur

Pupille Christ de l'oeil.
Vingtième pupille des siècles il sait y faire
Et changé en oiseau ce siècle comme Jésus monte dans l'air
45 Les diables dans les abîmes lèvent la tête pour le regarder
Ils disent qu'il imite Simon Mage* en Judée   *sorcier samaritain
Ils crient s'il sait voler qu'on l'appelle voleur
Les anges voltigent autour du joli voltigeur
Icare* Enoch** Elie† Apollonius de Thyane††
50 Flottent autour du premier aéroplane

*(mythologie) Icare a volé, avec des ailes attachées avec de la cire
**père de Mathusalem. Il monta au ciel sans mourir
† prophète qui fut emporté au ciel dans un char de feu
†† philosophe grec, considéré comme magicien et charlatan.

Ils s'écartent parfois pour laisser passer ceux que transporte
    la Sainte-Eucharistie
Ces prêtres qui montent éternellement en élevant l'hostie
L'avion se pose enfin sans refermer les ailes
Le ciel s'emplit alors de millions d'hirondelles
55 A tire-d'aile* viennent les corbeaux les faucons les hiboux   *en volant rapidement

D'Afrique arrivent les ibis les flamants les marabouts
L'oiseau Roc* célébré par les conteurs et les poètes   *énorme oiseau de proie légendaire
Plane tenant dans les serres le crâne d'Adam la première
        tête
L'aigle fond de l'horizon en poussant un grand cri
60 Et d'Amérique vient le petit colibri*   *"humming bird"
De Chine sont venus les pihis longs et souples
Qui n'ont qu'une seule aile et qui volent par couples
Puis voici la colombe esprit immaculé
Qu'escortent l'oiseau-lyre et le paon ocellé*   *"ocellated peacock"
65 Le phénix* ce bûcher qui soi-même s'engendre   *oiseau fabuleux, capable de se renouveler par le feu
Un instant voile tout de son ardente cendre
Les sirènes laissant les périlleux détroits
Arrivent en chantant bellement toutes trois
Et tous aigle phénix et pihis de la Chine
70 Fraternisent avec la volante machine

Maintenant tu marches dans Paris tout seul parmi la foule
Des troupeaux d'autobus mugissants* près de toi roulent   *criant
L'angoisse de l'amour te serre le gosier*   *gorge
Comme si tu ne devais jamais plus être aimé
75 Si tu vivais dans l'ancien temps tu entrerais dans un monastère
Vous avez honte quand vous vous surprenez à dire une prière
Tu te moques de toi et comme le feu de l'Enfer ton rire pétille*   *éclate
Les étincelles de ton rire dorent* le fonds** de ta vie   *couvrent d'or
C'est un tableau pendu dans un sombre musée   **la substance
80 Et quelquefois tu vas le regarder de près

Aujourd'hui tu marches dans Paris les femmes sont ensanglantées
C'était et je voudrais ne pas m'en souvenir c'était au déclin de la
    beauté

Entourée de flammes ferventes Notre-Dame m'a regardé à Chartres
Le sang de votre Sacré-Coeur m'a inondé à Montmartre
85 Je suis malade d'ouïr* les paroles bienheureuses   *entendre
L'amour dont je souffre est une maladie honteuse
Et l'image qui te possède te fait survivre dans l'insomnie et dans
    l'angoisse
C'est toujours près de toi cette image qui passe

Maintenant tu es au bord de la Méditerranée
90 Sous les citronniers qui sont en fleur toute l'année
Avec tes amis tu te promènes en barque
L'un est Nissard* il y a un Mentonasque* et deux Turbiasques*   *habitants de Nice,
Nous regardons avec effroi les poulpes* des profondeurs   de Menton et de
Et parmi les algues nagent les poissons images du Sauveur   La Turbie (mots
    d'argot)
    *mollusques

95 Tu es dans le jardin d'une auberge aux environs de Prague
Tu te sens tout heureux une rose est sur la table
Et tu observes au lieu d'écrire ton conte en prose
La cétoine* qui dort dans le coeur de la rose   *insecte ("rose
    chafer")

Epouvanté tu te vois dessiné dans les agates de Saint-Vit
100 Tu étais triste à mourir le jour où tu t'y vis
Tu ressembles au Lazare affolé par le jour
Les aiguilles de l'horloge du quartier juif vont à rebours
Et tu recules aussi dans ta vie lentement
En montant au Hradchin* et le soir en écoutant   *château royal
105 Dans les tavernes chanter des chansons tchèques   à Prague

Te voici à Marseille au milieu des pastèques*   *melons d'eau

Te voici à Coblence* à l'hôtel de Géant   *ville d'Allemagne

Te voici à Rome assis sous un néflier*du Japon   *arbre ("medlar
                                                        tree")

Te voici à Amsterdam avec une jeune fille que tu trouves belle
     et qui est laide
110 Elle doit se marier avec un étudiant de Leyde*   *ville de Hollande
On y loue des chambres en latin Cubicula locanda
Je m'en souviens j'y ai passé trois jours et autant à Gouda*   *ville de Hollande

Tu es à Paris chez le juge d'instruction
Comme un criminel on te met en état d'arrestation
115 Tu as fait de douloureux et de joyeux voyages
Avant de t'apercevoir du mensonge et de l'âge
Tu as souffert de l'amour à vingt et à trente ans
J'ai vécu comme un fou et j'ai perdu mon temps
Tu n'oses plus regarder tes mains et à tous moments je voudrais
     sangloter
120 Sur toi sur celle que j'aime sur tout ce qui t'a épouvanté

Tu regardes les yeux pleins de larmes ces pauvres émigrants
Ils croient en Dieu ils prient les femmes allaitent des enfants
Ils emplissent de leur odeur le hall de la gare Saint-Lazare
Ils ont foi dans leur étoile comme les rois-mages
125 Ils espèrent gagner de l'argent dans l'Argentine
Et revenir dans leur pays après avoir fait fortune
Une famille transporte un édredon*rouge comme vous transportez   *"comforter"
     votre coeur
Cet édredon et nos rêves sont aussi irréels
Quelques-uns de ces émigrants restent ici et se logent
130 Rue des Rosiers ou rue des Ecouffes dans des bouges*   *logements pauvres
Je les ai vus souvent le soir ils prennent l'air dans la rue   et sales
Et se déplacent rarement comme les pièces aux échecs*   *"chess"
Il y a surtout des Juifs leurs femmes portent perruque
Elles restent assises exsangues*au fond des boutiques   *pâles

135 Tu es debout devant le zinc*d'un bar crapuleux**   *comptoir
Tu prends un café à deux sous parmi les malheureux   **vulgaire

Tu es la nuit dans un grand restaurant

166

Ces femmes ne sont pas méchantes elles ont des soucis cependant
Toutes même la plus laide a fait souffrir son amant

140 Elle est la fille d'un sergent de ville de Jersey

Ses mains que je n'avais pas vues sont dures et gercées*   *"chapped"

J'ai une pitié immense pour les coutures de son ventre

J'humilie maintenant à une pauvre fille au rire horrible ma bouche

Tu es seul le matin va venir
145 Les laitiers font tinter leurs bidons* dans les rues   *récipient métallique

La nuit s'éloigne ainsi qu'une belle Métive*   *métisse; femme de
                                                        race mixte

C'est Ferdine la fausse ou Léa l'attentive

Et tu bois cet alcool brûlant comme ta vie
Ta vie que tu bois comme une eau-de-vie

150 Tu marches vers Auteuil* tu veux aller chez toi à pied   *quartier de Paris.
Dormir parmi tes fétiches d'Océanie et de Guinée
Ils sont des Christ d'une autre forme et d'une autre croyance
Ce sont les Christ inférieurs des obscures espérances

Adieu Adieu

155 Soleil cou coupé

(*Alcools*, 1913)

167

ZONE

COMMENTAIRE

Le titre de ce poème assez célèbre a donné lieu à une variété d'interprétations: zone - quartier ouvrier; zone - région circulaire, boucle fermée, retour au point de départ. La valeur du poème réside en ce qu'il contient et résume les thèmes principaux de la poétique d'Apollinaire, tels qu'ils ont été développés dans le recueil "Alcools".

(V. 1-14): Noter, dès le premier vers, que le poète se parle à lui-même; noter aussi, dès le début, le thème de la recherche du nouveau. Le deuxième vers présente tout de suite du nouveau sous forme d'une métaphore audacieuse; il sera utile d'en étudier les aspects divers. La comparaison du vers 6, entre la religion et l'aviation, sera un des thèmes dévelopés plus loin. Aux vers 11 à 14, où est-ce que le poète cherche et trouve la poésie et la prose?

(V. 15-24): Remarquer que "tu" devient "je". Quel est l'effet de ce changement? Etudier ici encore les sources de poésie qui inspirent le poète (remarquer le vers 23).

(V. 25-70): Ici commencent des souvenirs d'enfance; le poète se revoit (reprise du "tu") quand il était plus jeune. Quelle forme d'inspiration religieuse apparaît aux vers 33 à 40? Quel thème est repris dans ces vers?

A partir du vers 42, les souvenirs se transforment en "envol" religieux. Le sens de la métaphore du vers 42 est incertain (le Christ qui voit tout?) Remarquer le mélange du familier, de l'exotique, du réel et du légendaire. Les vers 60 à 70 sont des alexandrins; pourquoi l'auteur a-t-il choisi cette structure traditionnelle ici, et quel en est l'effet? Etudier le ton, l'atmosphère des vers 1 à 70.

(V. 71-80): Comment est rendu le changement soudain et complet de ton? (Rechercher les mots importants et les sentiments qu'ils communiquent).

(V. 81-120): Ici commence une série de vignettes tirées des souvenirs du poète; noter qu'il ne s'agit pas tellement de souvenirs de voyages, mais plutôt de souvenirs émotifs: souffrance et angoisse (v. 85-88), effroi (v. 89-94), bonheur (v. 95-98), épouvante et tristesse (v. 99-105), amours de passage (v. 109-112), arrestation — Apollinaire fut accusé de vol de statuettes au musée du Louvre — (v. 113-114). Remarquer aux vers 118 et 119 le passage du "tu" au "je", qui accentue l'acceptation par le poète de sa folie et de sa dissipation; ensuite, l'alternance des deux pronoms, qui renforce l'idée de dialogue intérieur.

(v. 121-143): Vers qui se tourne maintenant la compassion du poète? Etudier le choix de vocabulaire et le choix des détails visuels. Quel est l'effet total? Etudier attentivement les sonorités finales des vers 121 à 134. Comment décrire ces sonorités? Pourquoi l'auteur a-t-il choisi cette faiblesse de rimes?

(V. 144-155): Retour au lyrisme personnel: l'auteur se voit maintenant dans le présent. Noter que, contrairement au symbolisme traditionnel, le matin ne représente pas le renouveau, la jeunesse, l'optimisme. Quelles émotions accompagnent le matin dans ce poème? Pourquoi? Que va faire le narrateur avec l'arrivée du matin? Quel est le ton de la fin de ce poème? Où commence-t-on à ressentir ce ton? Rechercher tous les termes négatifs qui communiquent ce ton (v. 144-fin). Comment interpréter la métaphore du vers 155? Que suggère-t-elle?

LE PONT MIRABEAU[*]

*Mirabeau (1749-91), politicien.
Le pont Mirabeau traverse la
Seine à Auteuil.

Sous le pont Mirabeau coule la Seine
        Et nos amours
    Faut-il qu'il m'en souvienne
La joie venait toujours après la peine

5   Vienne la nuit sonne l'heure
        Les jours s'en vont je demeure

Les mains dans les mains restons face à face
        Tandis que sous
    Le pont de nos bras passe
10 Des éternels regards l'onde si lasse

        Vienne la nuit sonne l'heure
        Les jours s'en vont je demeure

L'amour s'en va comme cette eau courante
        L'amour s'en va
15 Comme la vie est lente
Et comme l'Espérance est violente

        Vienne la nuit sonne l'heure
        Les jours s'en vont je demeure

Passent les jours et passent les semaines
20   Ni temps passé
    Ni les amours reviennent
Sous le pont Mirabeau coule la Seine

        Vienne la nuit sonne l'heure
        Les jours s'en vont je demeure

(*Alcools*, 1913)

LE PONT MIRABEAU

COMMENTAIRE

Dans ce poème très célèbre, l'auteur exprime le regret d'un amour passé, emporté par le temps, qui fuit inlassablement comme l'eau coule inlassablement sous le pont.

Etudier le ton de la première strophe; noter les temps des verbes (contraste ente le présent et l'imparfait). Au vers 2, pourquoi "nos amours" est-il au pluriel? Quel est le sens du vers 3? Remarquer les thèmes: (1) la fuite (du temps, de l'eau, de l'amour) (2) la répétition (de la joie, de la peine).

Le refrain reprend le thème de la fuite et y ajoute le troisième thème: la permanence, exprimée dans une antithèse. Quel est le ton de ce refrain?

A la deuxième strophe, noter la transformation du pont, devenu attitude physique et psychologique. Pourquoi l'onde est-elle "lasse" (v. 10)? Etudier le ton de cette strophe. Quels thèmes y sont repris?

Quel effet a la reprise du refrain après chaque strophe?

Troisième strophe: pourquoi l'auteur répète-t-il le début du vers 13 au vers 14? Etudier le ton du vers 15. Pourquoi "Espérance" avec une majuscule (v. 16)?

Quatrième strophe: Quel thème est accentué ici? Comment le choix du vocabulaire et le mode des verbes correspond-il à ce thème? Etudier l'effet de la reprise du vers 22; à quel thème correspond-elle? Sur quel thème se termine le poème?

Dans l'ensemble du poème: étudier les sonorités; quels sons suggèrent l'écoulement de l'eau? Quel est l'effet de l'absence de ponctuation? Il est intéressant de savoir qu'à l'origine le poète avait écrit cette oeuvre en décasyllabes. Montrez que la forme adoptée dans la version finale en améliore le rythme.

CORTÈGE

A M. Léon Bailby

Oiseau tranquille au vol inverse oiseau
Qui nidifie* en l'air   *fait son nid
A la limite où notre sol brille déjà
Baisse ta deuxième paupière la terre t'éblouit
5   Quand tu lèves la tête

Et moi aussi de près je suis sombre et terne
Une brume qui vient d'obscurcir les lanternes
Une main qui tout à coup se pose devant les yeux
Une voûte* entre vous et toutes les lumières   *"vault"
10   Et je m'éloignerai m'illuminant au milieu d'ombres
Et d'alignements d'yeux des astres bien-aimés

Oiseau tranquille au vol inverse oiseau
Qui nidifie en l'air
A la limite où brille déjà ma mémoire
15   Baisse ta deuxième paupière
Ni à cause du soleil ni à cause de la terre
Mais pour ce feu oblong dont l'intensité ira s'augmentant
Au point qu'il deviendra un jour l'unique lumière

Un jour
20   Un jour je m'attendais moi-même
Je me disais Guillaume il est temps que tu viennes
Pour que je sache enfin celui-là que je suis
Moi qui connais les autres

Je les connais par les cinq sens et quelques autres
25   Il me suffit de voir leurs pieds pour pouvoir refaire
         ces gens à milliers
De voir leurs pieds paniques un seul de leurs cheveux
Ou leur langue quand il me plaît de faire le médecin
Ou leurs enfants quand il me plaît de faire le prophète
Les vaisseaux des armateurs* la plume de mes confrères   *"shipowner"
30   La monnaie des aveugles les mains des muets
Ou bien encore à cause du vocabulaire et non de l'écriture
Une lettre écrite par ceux qui ont plus de vingt ans
Il me suffit de sentir l'odeur de leurs églises
L'odeur des fleuves dans leurs villes

35 Le parfum des fleurs dans les jardins publics
    O Corneille Agrippa* l'odeur d'un petit chien m'eût suffi   *alchimiste et
    Pour décrire exactement tes concitoyens de Cologne   philosophe allemand
    Leurs rois-mages et la ribambelle* ursuline**   *longue suite **ordre religieux
    Qui t'inspirait l'erreur touchant toutes les femmes
40 Il me suffit de goûter la saveur du laurier qu'on cultive
          pour que j'aime ou que je bafoue*   *ridiculise
    Et de toucher les vêtements
    Pour ne pas douter si l'on est frileux* ou non   *sensible au froid
    O gens que je connais
    Il me suffit d'entendre le bruit de leurs pas
45 Pour pouvoir indiquer à jamais la direction qu'ils ont prise
    Il me suffit de tous ceux-là pour me croire le droit
    De ressusciter les autres
    Un jour je m'attendais moi-même
    Je me disais Guillaume il est temps que tu viennes
50 Et d'un lyrique pas s'avançaient ceux que j'aime
    Parmi lesquels je n'étais pas
    Les géants couverts d'algues passaient dans leurs villes
    Sous-marines où les tours seules étaient des îles
    Et cette mer avec les clartés de ses profondeurs
55 Coulait sang de mes veines et fait battre mon coeur
    Puis sur terre il venaient mille peuplades blanches
    Dont chaque homme tenait une rose à la main
    Et le langage qu'ils inventaient en chemin
    Je l'appris de leurs bouches et je le parle encore.
60 Le cortège passait et j'y cherchais mon corps
    Tous ceux qui survenaient et n'étaient pas moi-même
    Amenaient un à un les morceaux de moi-même
    On me bâtit peu à peu comme on élève une tour
    Les peuples s'entassaient et je parus moi-même
65 Qu'ont formé tous les corps et les choses humaines
    Temps passés Trépassés* Les dieux qui me formâtes   *morts
    Je ne vis que passant ainsi que vous passâtes
    Et détournant mes yeux de ce vide avenir
    En moi-même je vois tout le passé grandir

70 Rien n'est mort que ce qui n'existe pas encore
    Près du passé luisant demain est incolore
    Il est informe aussi près de ce qui parfait
    Présente tout ensemble et l'effort et l'effet

                        (*Alcools,* 1913)

CORTÈGE

COMMENTAIRE

Dans un de ses poèmes Apollinaire parle du "million d'être que tu es". Cette image poétique exprime le sentiment que tous les êtres sont multiples et simultanés. En une seule vie, nous vivons des millions de vies. Le poète connaît les autres et se fond en eux. Tout en gardant sa singularité, il est indissoluble des autres. Tout homme est à la fois un des maillons et un des aboutissements de la longue chaîne humaine.

Vers 1 à 5: L'inversion "inverse oiseau" est conforme au sens de la phrase. Mais quel est ce sens? Air, horizon, reflet de l'oiseau sur l'eau: atmosphère calme, spacieuse et lumineuse. Il y a donc plutôt une sensation qu'un sens précis ou une image bien définie. Ceci est tout à fait caractéristique d'Apollinaire. Le verbe "éblouit" contient peut-être une connotation quelque peu désagréable, qui est confirmée par la phrase "baisse ta paupière".

Vers 6–11: L'adverbe "aussi" associe le "moi" à l'oiseau de la première partie. Vu "de près", cet oiseau (comme "moi") semble donc attristé. Quelles images expriment cette tristesse aux vers 7, 8 et 9? Remarquer ensuite, aux vers 10 et 11, que c'est le "je" qui devient lumineux, entouré d'astres. Que suggèrent les mots "yeux" et "bien-aimés" appliqués à ces astres?

Vers 12–15: Reprise des premiers vers, avec une variation importante. Qu'est-ce qui brille maintenant, et qui va devenir le fil conducteur de tout ce qui suit?

Vers 16–18: Pourquoi l'oiseau doit-il baisser sa paupière maintenant? Quel sens peut avoir l'expression "feu oblong" dont l'intensité est croissante? Quel est le ton de la prédiction du vers 18?

Vers 19–23: Du futur, nous passons maintenant au temps passé. Expliquer le dédoublement, le détachement du poète dans ce passage. Quel sens a le verbe "connais" au vers 23?

Vers 24–59: Le poète raconte comment il connaît les autres. Quels pourraient être les "quelques autres" sens qu'il emploie (vers 24)? Quelle connotation affective faut-il donner ici à cette expression? La reprise de l'expression "il me suffit" (vers 25, 33, 40, 44 et 56, et une variante au vers 36) illustre par des exemples la facilité qu'a l'auteur à connaître les autres. La tendresse et la fraternité du poète pour toute l'humanité est sans borne et inclut un assortiment de gens de toutes sortes. Les cinq sens, mentionnés au vers 24, sont énumérés ici, chacun illustré d'images concrètes ou de petites scènes anecdotiques. Vers 36 à 39: le philosophe et alchimiste Corneille Agrippa, né à Cologne, fut emprisonné sous accusation de magie et mourut dans la misère à Grenoble (1486–1533). Il est permis de trouver une affinité entre Corneille Agrippa et Guillaume Apollinaire (un poète n'est-il pas aussi philosophe et alchimiste?). A ce propos, il est intéressant de remarquer que toutes les lettres du nom d'Apollinaire sont contenues dans celui de l'alchimiste! Quel est le ton émotionnel du vers 43 (qui reprend et relance le thème commencé au vers 23)? La mention d'Agrippa nous a entraînés dans un passé lointain. En ressuscitant (vers 47) ce passé le poète fait défiler devant lui et devant nous le long cortège de toute l'humanité qui l'a précédé. Quels sentiments Apollinaire éprouve-t-il envers cette humanité? Aux vers 52 à 55 il y a une référence à la théorie scientifique selon laquelle les sources de la vie sont d'ordre sous-marin. On note au vers 55 la transition de l'imparfait au présent, qui exprime clairement l'union de l'homme présent à cette source lointaine de la vie. Expliquer le symbole contenu dans le vers 57.

Vers 60–65: L'impatience du poète, exprimée aux vers 21 et 49, trouve enfin sa résolution quand il apparaît à sa place dans le cortège. Par quelles images exprime-t-il que son existence est le fruit de toutes celles qui l'ont précédé?

Vers 66–69: Qui sont les "dieux"? Dans quel sens l'avenir est-il "vide"? L'orgueil du poète est-il justifiable? Est-ce un orgueil égoïste? Se glorifie-t-il lui-même, ou glorifie-t-il le passé?

Vers 70–73: La conclusion exprime une tendresse fraternelle et pleine d'admiration. Commenter l'adjectif "luisant". Qu'est-ce qui est "parfait"? Remarquer que ce mot peut avoir plusieurs sens. Est-ce que tous ces sens s'appliquent ici? Commenter l'heureuse juxtaposition de "effort" et "effet".

SALTIMBANQUES*

*acrobate ambulant

Dans la plaine les baladins*   *saltimbanque
S'éloignent au long des jardins
Devant l'huis* des auberges grises   *porte
Par les villages sans églises

5   Et les enfants s'en vont devant
Les autres suivent en rêvant
Chaque arbre fruitier se résigne
Quand de très loin ils lui font signe

Ils ont des poids ronds ou carrés
10 Des tambours des cerceaux dorés
L'ours et le singe animaux sages
Quêtent des sous sur leur passage

(*Alcools*, 1913)

178

LE CHANT D'AMOUR

Voici de quoi est fait le chant symphonique de
    l'amour
Il y a le chant de l'amour de jadis
Le bruit des baisers éperdus des amants illustres
Les cris d'amour des mortelles violées par les dieux
5   Les virilités des héros fabuleux érigées comme des
    pièces* contre avions   *canons
Le hurlement précieux de Jason*   *roi de la mythologie grecque

Le chant mortel du cygne
Et l'hymne victorieux que les premiers rayons du
    soleil ont fait chanter à Memnon* l'immobile   *statue à Thèbes
Il y a le cri des Sabines* au moment de l'enlèvement *femmes d'une
10 Il y a aussi les cris d'amour des félins dans les jongles   peuplade rivale
La rumeur sourde des sèves montant dans les plantes   des Romains
    tropicales
Le tonnerre des artilleries qui accomplissent le terrible
    amour des peuples
Les vagues de la mer où naît la vie et la beauté

Il y a là le chant de tout l'amour du monde

(*Calligrammes,* 1918)

LE CHANT D'AMOUR . . .

COMMENTAIRE

Le titre annonce un chant et le premier vers ajoute l'adjectif "symphonique". Rechercher toutes les sonorités qui forment cette symphonie et, en particulier, les mots qui décrivent ces sonorités. On peut distinguer dans cette "symphonie" un mouvement ascendant suivi d'un decrescendo, ainsi qu'une orientation première vers le passé, suivie d'un second passage qui raconte le présent.

Premier mouvement (vers 1–9): Après un vers d'introduction, quel est le ton des trois premiers vers? Quelles sonorités y entend-on? Au quatrième vers commence un crescendo. Jusqu'où dure-t-il? Chercher toutes les images de l'amour violent et fougueux. L'anachronisme paradoxal de l'image érotique du vers 5 s'explique aisément si l'on se rappelle l'expérience d'Apollinaire pendant la guerre.

Vers 6: Jason est le roi de la mythologie grecque qui, après une longue et difficile expédition, rapporta la Toison d'Or. Il répudia sa première épouse, Médée, pour épouser Créüse. Pour se venger, Médée tua Créüse et ses deux enfants.

Vers 8: Une légende dit qu'il y avait, près de Thèbes, une statue du héros grec Memnon. Sous le soleil matinal cette statue faisait entendre des sons harmonieux. (L'explication serait que l'action de la chaleur et de la rosée faisaient craquer la pierre.)

Vers 9: Autre légende, selon laquelle les Romains enlevèrent et épousèrent les femmes des Sabins. Quand ceux-ci voulurent se venger des Romains, les femmes Sabines empêchèrent le combat entre leurs pères et leurs époux.

Du vers 10 au vers 13 intervient un changement d'orientation. Noter que le poète inclut le monde entier: la jungle, les pays civilisés (ceux qui font la guerre!) et l'océan. Comment pourrait-on expliquer que le poète trouve de l'amour dans la guerre? Cette idée a-t-elle été suggérée plus haut? Commenter l'oxymoron "terrible amour" du vers 12.

Vers 13–14: la symphonie se termine comme elle a commencé, dans l'harmonie et la beauté. Commenter le sens du vers 13 (et le comparer à *Cortège,* vers 54–55.)

Ce poème contient plusieurs caractéristiques propres à l'oeuvre d'Apollinaire, tant dans le fond que dans la forme. Quelles sont ces caractéristiques?

LA JOLIE ROUSSE

Me voici devant tous un homme plein de sens
Connaissant la vie et de la mort ce qu'un vivant peut connaître

Ayant éprouvé les douleurs et les joies de l'amour
Ayant su quelquefois imposer ses idées
5 Connaissant plusieurs langages
Ayant pas mal*voyagé   *beaucoup
Ayant vu la guerre dans l'Artillerie et l'Infanterie
Blessé à la tête trépané*sous le chloroforme   *opéré
Ayant perdu ses meilleurs amis dans l'effroyable lutte
10 Je sais d'ancien et de nouveau autant qu'un homme seul
                    pourrait des deux savoir
Et sans m'inquiéter aujourd'hui de cette guerre
Entre nous et pour nous mes amis
Je juge cette longue querelle de la tradition et de l'invention
            De l'Ordre de l'Aventure

15 Vous dont la bouche est faite à l'image de celle de Dieu
Bouche qui est l'ordre même
Soyez indulgents quand vous nous comparez
A ceux qui furent la perfection de l'ordre
Nous qui quêtons partout l'aventure
20 Nous ne sommes pas vos ennemis
Nous voulons vous donner de vastes et d'étranges domaines

Où le mystère en fleurs s'offre à qui veut le cueillir
Il y a là des feux nouveaux des couleurs jamais vues
Mille phantasmes*impondérables   *hallucinations
25 Auxquels il faut donner de la réalité
Nous voulons explorer la bonté contrée énorme où tout se tait
Il y a aussi le temps qu'on peut chasser ou faire revenir
Pitié pour nous qui combattons toujours aux frontières
De l'illimité et de l'avenir
30 Pitié pour nos erreurs pitié pour nos péchés

Voici que vient l'été la saison violente
Et ma jeunesse est morte ainsi que le printemps
O soleil c'est le temps de la Raison ardente
     Et j'attends
35 Pour la suivre toujours la forme noble et douce
Qu'elle prend afin que je l'aime seulement
Elle vient et m'attire ainsi qu'un fer l'aimant[*]   *fer magnétique
     Elle a l'aspect charmant
     D'une adorable rousse

40 Ses cheveux sont d'or on dirait
Un bel éclair qui durerait
Ou ces flammes qui se pavanent[*]   *marchent avec orgueil
Dans les roses-thé[*]qui se fanent   *jaune pâle

Mais riez riez de moi
45 Hommes de partout surtout gens d'ici
Car il y a tant de choses que je n'ose vous dire
Tant de choses que vous ne me laisseriez pas dire
Ayez pitié de moi

                   (*Calligrammes*, 1918)

LA JOLIE ROUSSE

COMMENTAIRE

Ce poème révèle un aspect important de l'oeuvre d'Apollinaire: le combat du poète, qui est en lutte contre les critiques traditionalistes, en lutte contre les limites de l'art, en lutte comme soldat aussi (Apollinaire fut gravement blessé pendant la première guerre mondiale).

Première partie (v. 1-14): le poète se présente, racontant d'abord ses expériences, ensuite ses connaissances. Il s'établit "juge". Juge de quoi? Noter la simplicité de la langue. Qui sont, à votre avis, "mes amis" (v. 12)?

Deuxième partie (v. 15-30): Noter l'antithèse entre le premier mot du vers 15 et le premier mot du poème. Qui représente le "vous"? Le sens des vers 15 et 16 peut se comprendre ainsi:

Dieu = Ordre, perfection, tradition établie

bouche, ronde comme un "o" = bouche (paroles) des traditionnalistes.

Noter que, dans cette deuxième partie, le "je" est remplacé par "nous". Qui représente ce "nous"? L'auteur est-il "juge" impartial, ou bien est-il partisan dans cette querelle? De quel côté est-il? Noter les métaphores (v. 22, 23, 24, 26) qui décrivent les "vastes domaines". Que conclure sur l'attitude et les expériences de l'auteur, d'après ses demandes d'indulgence et de pitié?

Troisième partie (v. 31-43): Retour au "je" de la première partie. Le poète devient lyrique: il exprime des émotions très personnelles: lesquelles? Que symbolise le soleil (v. 33)? Que signifie "Raison ardente" (noter la personnification)? Que représente l' "adorable rousse" (v. 39)? Est-elle décrite de façon positive, flatteuse? Que conclure sur l'attitude du poète envers elle?

Enfin, une quatrième partie (v. 44-48), qui rappelle le ton de la deuxième partie. Noter le premier mot "mais"; quel ton annonce-t-il? Comparer le dernier vers aux vers 17, 28 et 30; quelle différence y a-t-il? Remarquer aussi le changement qui s'est fait depuis le premier vers. L'auteur s'est-il rapproché des autres hommes? A-t-il réussi à faire comprendre son message?

PAUL ÉLUARD
(1895-1952)

Paul Éluard est le nom de plume d'Eugène Grindel. La maladie l'obligea à interrompre ses études et il devint, fort jeune, très sensible à la souffrance des hommes. En 1917 il publia ses premiers poèmes dans un recueil intitulé *Le Devoir et l'inquiétude,* qui exprimait ses idées pacifistes.

Après la première guerre mondiale Éluard participa au mouvement dada, puis au surréalisme. Son premier recueil important, *Capitale de la douleur,* parut en 1926. Bien que ses poèmes de cette époque soient sans aucun doute surréalistes, Éluard s'intéresse moins à l'exploration de nouvelles formes de langage qu'à l'expression lyrique de sa tendresse pour le monde et de sa fraternité pour tout le genre humain. Après sa période surréaliste, les poèmes d'Éluard devinrent extrêmement accessibles. Il publia notamment *Les Yeux fertiles* (1936), poèmes d'amour d'une grande pureté et limpidité de style.

Avant et pendant la deuxième guerre mondiale, Éluard fut membre du parti communiste et lutta contre les idées fascistes qui gagnaient du terrain et menaçaient la liberté. Il écrivit des oeuvres de plus en plus engagées dans la lutte politique. En 1936 il déclara: "Le temps est venu où tous les poètes ont le droit et le devoir de soutenir qu'ils sont profondément enfoncés dans la vie des autres hommes, dans la vie commune." Pendant l'occupation de la France il fit partie du mouvement de la Résistance contre les Allemands et publia plusieurs recueils de poèmes engagés: *Poésie et vérité 1942, Les Armes de la douleur* (1944), etc.

Après la guerre Éluard continua son engagement politique (*Poèmes politiques poèmes pour tous,* 1948) et écrivit également de beaux poèmes d'amour (*Le Phénix,* 1949).

Par son humanisme et son engagement dans la réalité concrète du monde aussi bien que par la limpidité et l'harmonie de sa langue, Paul Éluard a exercé une influence profonde sur les poètes de son époque.

SI TU AIMES

Si tu aimes l'intense nue*   *ciel
Infuse à toutes les images
Son sang d'été
Donne aux rires ses lèvres d'or
5 Aux larmes ses yeux sans limites
Aux grands élans son poids fuyant

Pour ce que tu veux rapprocher
Allume l'aube dans la source
Tes mains lieuses*   *qui lient
10 Peuvent unir lumière et cendre
Mer et montagne plaine et branches
Mâle et femelle neige et fièvre

Et le nuage le plus vague
La parole la plus banale
15 L'objet perdu
Force-les à battre des ailes
Rends-les semblables à ton cœur
Fais-leur servir la vie entière.

(*Le Livre Ouvert*, 1941)
©Editions Gallimard

SI TU AIMES
COMMENTAIRE

Une première lecture du poème mène immédiatemment aux questions: Qui est "tu", et à qui s'adressent les verbes au mode impératif (v. 2, 4, 8, 16, 17, 18)? La réponse à ces questions donnera à la fois l'explication du poème et la clé de la méthode poétique de son auteur.

Première strophe: La supposition ("si") et la métaphore ("nue") du premier vers expriment le thème du poème, dont découlent les impératifs. Quels sont les mots qui évoquent une femme? S'agit-il d'une femme concrète ou idéalisée? Au vers 3, l'"été" représente souvent la vie chez Éluard. Remarque: il n'est pas exclu de lire une suggestion d'ambiguïté dans le mot "nue", ce qui renforcerait l'idée d'un corps de femme. Les adjectifs possessifs se rapportent à la "nue", mais contiennent évidemment l'idée d'une femme.

La strophe contient donc une métaphore à double niveau.

Deuxième strophe: Cette strophe contient cinq oppositions que le "tu" peut rapprocher par ses "mains lieuses." Etudier les idées suggérées par chacun des couples qui peuvent ainsi être unis. Comment le thème est-il élargi de l'union de quelques antithèses à l'union plus générale, plus universelle? Qui produit cette union?

Troisième strophe: Le thème est maintenant la transformation de ce qui est commun et banal en ce qui est élevé, profond, universel. Par quelles expressions le poète exprime-t-il cette élévation? Comment est-il indiqué que la métamorphose requiert un effort?

D'après ces vers, où le poète doit-il trouver son inspiration? Quel but doit-il rechercher? Quelle est la fonction de la poésie?

LIBERTÉ

Sur mes cahiers d'écolier
Sur mon pupitre* et les arbres   *"desk"
Sur le sable sur la neige
J'écris ton nom

5 Sur toutes les pages lues
Sur toutes les pages blanches
Pierre sang papier ou cendre
J'écris ton nom

Sur les images dorées
10 Sur les armes des guerriers
Sur la couronne des rois
J'écris ton nom

Sur la jungle et le désert
Sur les nids sur les genêts*   *"broom" (botany)
15 Sur l'écho de mon enfance
J'écris ton nom

Sur les merveilles des nuits
Sur le pain blanc des journées
Sur les saisons fiancées
20 J'écris ton nom

Sur tous mes chiffons d'azur
Sur l'étang soleil moisi*   *"mildewed"
Sur le lac lune vivante
J'écris ton nom

25 Sur les champs sur l'horizon
Sur les ailes des oiseaux
Et sur le moulin des ombres
J'écris ton nom

Sur chaque bouffée* d'aurore   *"whiff"
30 Sur la mer sur les bateaux
Sur la montagne démente
J'écris ton nom

Sur la mousse des nuages
Sur les sueurs de l'orage
35 Sur la pluie épaisse et fade*   *insipide
J'écris ton nom

Sur les formes scintillantes
Sur les cloches des couleurs
Sur la vérité physique
40 J'écris ton nom

Sur les sentiers* éveillés   *petits chemins
Sur les routes déployées*   *ouvertes
Sur les places qui débordent
J'écris ton nom

45 Sur la lampe qui s'allume
Sur la lampe qui s'éteint
Sur mes maisons réunies
J'écris ton nom

Sur le fruit coupé en deux
50 Du miroir et de ma chambre
Sur mon lit coquille* vide   *"shell"
J'écris ton nom

Sur mon chien gourmand et tendre
Sur ses oreilles dressées
55 Sur sa patte maladroite
J'écris ton nom

Sur le tremplin* de ma porte   *"springboard"
Sur les objets familiers
Sur le flot du feu béni*   *"blessed"
60 J'écris ton nom

Sur toute chair* accordée   *"flesh"
Sur le front de mes amis
Sur chaque main qui se tend
J'écris ton nom

65 Sur la vitre* des surprises   *panneau de verre
Sur les lèvres attentives
Bien au-dessus du silence
J'écris ton nom

Sur mes refuges détruits
70 Sur mes phares* écroulés   *"lighthouses"
Sur les murs de mon ennui
J'écris ton nom

Sur l'absence sans désirs
Sur la solitude nue
75 Sur les marches de la mort
J'écris ton nom

188

Sur la santé revenue
Sur le risque disparu
Sur l'espoir sans souvenirs
80 J'écris ton nom

Et par le pouvoir d'un mot
Je recommence ma vie
Je suis né pour te connaître
Pour te nommer

85 Liberté

(*Poésie er Vérité*, 1942)
©Editions de Minuit

LA PUISSANCE DE L'ESPOIR

Autant parler pour avouer mon sort:
Je n'ai rien mien, on m'a dépossédé
Et les chemins où je finirai mort
Je les parcours en esclave courbé;
5 Seule ma peine est ma propriété:
Larmes, sueurs et le plus dur effort.
Je ne suis plus qu'un objet de pitié
Sinon de honte aux yeux d'un monde fort.

J'ai de manger et de boire l'envie
10 Autant qu'un autre à en perdre la tête;
J'ai de dormir l'ardente nostalgie:
Dans la chaleur, sans fin, comme une bête.
Je dors trop peu, ne fais jamais la fête,
Jamais ne baise une femme jolie;
15 Pourtant mon cœur, vide, point ne s'arrête,
Malgré douleur mon cœur point ne dévie.

J'aurais pu rire, ivre de mon caprice.
L'aurore en moi pouvait creuser son nid
Et rayonner, subtile et protectrice,
20 Sur mes semblables qui auraient fleuri.
N'ayez pitié, si vous avez choisi
D'être bornés et d'être sans justice;
Un jour viendra où je serai parmi
Les constructeurs d'un vivant édifice,

25 La foule immense où l'homme est un ami.

(*Le Dur désir de durer*, 1946)
©Editions Seghers

HENRI MICHAUX

(1899-1984)

Michaux est né à Namur, en Belgique, mais passa son enfance à Bruxelles. Pendant ses années de jeunesse il a beaucoup voyagé en Amérique du Sud, aux Indes et en Chine. Ces voyages ont certainement stimulé son imagination. Michaux a beaucoup écrit, mais sans atteindre le grand public. Ce n'est qu'à partir de 1941 que sa réputation a commencé à se répandre, grâce à un article qu'a écrit sur lui André Gide. Parmi les oeuvres de Michaux de cette époque, citons *Un Certain Plume* (1930), *Voyage en Grande Garabagne* (1936), *Exorcismes* (1943).

Toutes les oeuvres de Michaux sont des voyages, des explorations, des évasions, tantôt vers des pays imaginaires (*Voyage en Grande Garabagne),* tantôt dans "l'espace du dedans." Son style est novateur et agressif. Pour Michaux le langage habituel a été inventé "par d'autres dans un autre âge", il faut donc le bousculer, renverser les conventions littéraires. Tout en inventant des mondes nouveaux, il crée un style et un vocabulaire neufs: plus de beaux effets littéraires, mais une "mélodie pauvre" à la mesure de notre monde bouleversé. Un trait dominant chez Michaux est l'humour. Il ne semble jamais prendre tout à fait au sérieux ce qu'il dépeint pourtant sérieusement. Son personnage *Plume* est un peu comme Charlot (Charlie Chaplin): ahuri, rêveur, en lutte contre un monde hostile. Il supporte stoïquement des aventures extravagantes sans chercher à les comprendre. Car le monde de Michaux n'est jamais symbolique ni didactique. Il ne cherche pas à nous instruire. Bien au contraire du monde de Jonathan Swift, par exemple, celui de Michaux ne doit pas être pénétré avec une attitude de recherche intellectuelle.

Le goût de l'inconnu et du bizarre a entraîné Michaux, à partir de 1956, à entreprendre une suite d'explorations nouvelles par les drogues. (*Misérable Miracle, Les Grandes Epreuves de l'Esprit, Vers la Complétude,* etc.) Ces écrits restent dans la lignée de ses oeuvres précédentes: descriptions sur un ton neutre de mondes réels ou imaginaires, mais toujours bizarres et inquiétants. L'homme y est faible et désarmé. La seule arme qu'il possède est le langage, par lequel il tente d'exorciser son mauvais sort. Michaux écrit en prose ou en vers très libres. La poésie de son oeuvre réside dans son éblouissante imagination et son extraordinaire invention verbale.

MES OCCUPATIONS

Je peux rarement voir quelqu'un sans le battre.
D'autres préfèrent le monologue intérieur. Moi,
      non. J'aime mieux battre.
Il y a des gens qui s'asseoient en face de moi au restaurant et ne
5   disent rien, ils restent un certain temps, car ils ont décidé
      de manger.
En voici un.
Je te l'agrippe,* toc.   *saisis
je te le ragrippe, toc.
10 Je le pends au porte-manteau.*   *"coatrack"
Je le décroche.
Je le repends.
Je le redécroche.
Je le mets sur la table, je le tasse* et l'étouffe.   *compresse
15 Je le salis, je l'inonde.
Il revit.

Je le rince, je l'étire* (je commence à m'énerver, il faut en finir),   *allonge
je le masse,* je le serre, je le résume et l'introduis dans mon verre,   *"massage"
et jette ostensiblement le contenu par terre, et dis au garçon:
20 "Mettez-moi donc un verre plus propre."
Mais je me sens mal, je règle promptement l'addition et je m'en
vais.

                             (*Mes propriétés,* 1929)

UN HOMME PAISIBLE

Etendant les mains hors du lit, Plume fut étonné de ne pas rencontrer le mur. "Tiens, pensa-t-il, les fourmis* l'auront mangé. . . ." et il se rendormit.

*"ants"

Peu après sa femme l'attrapa et le secoua: "Regarde, dit-elle,
5 fainéant! pendant que tu étais occupé à dormir on nous a volé notre maison." En effet, un ciel intact s'étendait de tous côtés. "Bah, la chose est faite," pensa-t-il.

Peu après un bruit se fit entendre. C'était un train qui arrivait sur eux à toute allure. "De l'air pressé qu'il a, pensa-t-il, il
10 arrivera sûrement avant nous" et il se rendormit.

Ensuite le froid le réveilla. Il était tout trempé de sang. Quelques morceaux de sa femme gisaient* près de lui. "Avec le sang, pensa-t-il, surgissent toujours quantité de désagréments; si ce train pouvait n'être pas passé, j'en serais fort heureux. Mais
15 puisqu'il est déjà passé . . ." et il se rendormit.

*étaient étendus

—Voyons, disait le juge, comment expliquez-vous que votre femme se soit blessée au point qu'on l'ait trouvée partagée en huit morceaux, sans que vous, qui étiez à côté, ayez pu faire un geste pour l'en empêcher, sans même vous en être aperçu. Voilà
20 le mystère. Toute l'affaire est là-dedans.

—Sur ce chemin, je ne peux pas l'aider, pensa Plume, et il se rendormit.

—L'exécution aura lieu demain. Accusé, avez-vous quelque chose à ajouter?
25 —Excusez-moi, dit-il, je n'ai pas suivi l'affaire. Et il se rendormit.

(Un certain Plume, 1930)
©Editions Gallimard

THE THIN MAN

PETIT
petit sous le vent
petit et lacunaire*   *qui a des lacunes
pressé et sachant que vite il faut qu'il sache
5 dans sa petite galaxie
faisant le quart*   *"keeping watch"
dans son cockpit perpétuellement
dans son peu de paix
dans son pas de paix du tout
10 bruissant sous la douche de milliers d'avertisseurs*   *"horns, warning signals
sonné*   *"dazed, dizzy"
sassé   *"sifted"
sifflé
frappé
15 percé
se croyant de la chair
se voulant dans un palais
mais vivant dans des palans*   *"pulley-blocks"
dans les rafales*   *"squalls, bursts"
20 innombrable,
frêle,
horloger aussi et foetus aussi
visé
entamé*   *commencé, ébranlé
25 agrippé
agriffé

frappé à coups redoublés
gravé comme une plaque
cliquetant comme un téléscripteur
30 déplacé
dévié
son miroir mille fois brisé
affolé
à l'écoute
35 ne voulant pas être perdu
traçant des plans
des plans contradictoires
des plans étrangers
des plans rebondissants
40 des plans à l'infini   .
luttant avec des plans

194

jamais tout à fait submergé
luttant
et même il va bientôt sourire
45 et puis croire que la vie est bonheur et soupirs
et doux corps rapprochés
autour de l'être éperdu*   *troublé, égaré par
                                                 l'émotion

puis à nouveau renversé
redressé
50 puis de nouveau alerté et près d'être submergé
sur place paralysé mortellement

refaisant des plans
des contre-plans
des plans d'opposition
55 dans l'obscur
dans le futur
dans l'indéterminé
pilote tant qu'il pourra, jusqu'à la fin
pilote ou plus rien
60 cible* en plein vol, qui scrute   *objectif, "target"
qui trace des plans,
toujours des plans
des PLANS

Celui qui est né dans la nuit
65 souvent refera son Mandala.*   *dessin symbolique de
                                          l'univers, qui sert à la
                                          méditation bouddhiste

(*Moments*)
©Editions Gallimard

CLOWN

Un jour.
Un jour, bientôt peut-être.
Un jour j'arracherai l'ancre qui tient mon navire loin des mers.
Avec la sorte de courage qu'il faut pour être rien et rien que rien,
5 Je lâcherai ce qui paraissait m'être indissolublement proche.
Je le trancherai, je le renverserai, je le romprai, je le ferai dégrin-
    goler.*   *tomber très vite
D'un coup dégorgeant ma misérable pudeur,* mes misérables com-   *modestie, décence
    binaisons et enchaînements "de fil en aiguille."
10 Vidé de l'abcès d'être quelqu'un, je boirai à nouveau l'espace
    nourricier.

A coups de ridicules, de déchéances* (qu'est-ce que la déchéance?),   *chutes, disgrâces
    par éclatement, par vide, par une totale dissipation-déri-
    sion-purgation, j'expulserai de moi la forme qu'on croyait
15   si bien attachée, composée, coordonnée, assortie* à mon   *accordée, adaptée
    entourage et à mes semblables,* si dignes, si dignes mes   *hommes, "fellow
    semblables.   creatures"

Réduit à une humilité de catastrophe, à un nivellement* parfait   *égalisation
    comme après une intense trouille.*   *peur (mot populaire)
20 Ramené au-dessous de toute mesure à mon rang réel, au rang
    infime que je ne sais quelle idée-ambition m'avait fait
    déserter.
Anéanti quant à la hauteur, quant à l'estime.
Perdu en un endroit lointain (ou même pas), sans nom, sans
25   identité.

CLOWN, abattant dans la risée,* dans l'esclaffement,** dans le   *moquerie
    grotesque, le sens que contre toute lumière je m'étais fait   **rire bruyant
    de mon importance,
Je plongerai.
30 Sans bourse dans l'infini-esprit sous-jacent* ouvert à tous,   *en-dessous
    ouvert moi-même à une nouvelle et incroyable rosée*   *"dew"
    à force d'être nul
    et ras* . . .   *coupé très court
    et risible . . . .

                        (*Espace du dedans*, 1944)
                        ©Editions Gallimard

CLOWN
COMMENTAIRE

"Clown" est un bel exemple d'évasion, d'exploration imaginaire où sont renversées les conventions sociales et artistiques. C'est une plongée dans le monde intérieur troublant de Michaux.

Quel est l'effet de la répétition des mots "un jour" (lignes 1-3)? Quel est le sens des métaphores de la ligne 3? Rechercher tous les termes qui indiquent que le bouleversement auquel aspire le poète se fera avec violence. Vers quel but tend ce bouleversement (ligne 4)? Quels sont les attributs d'un être, d'un "quelqu'un" (lignes 8-9)? Commenter la métaphore de "l'abcès" (l. 10). Qu'est-ce que le poète aspire à "boire"? Quel est le sens des mots "l'espace nourricier"? Quelle opinion le poète a-t-il de ses semblables (lignes 16-17)? Quel est le "rang réel" auquel appartient et vers lequel aspire le poète? Qu'est-ce qui "réduit" et "nivelle" les hommes (lignes 18-19)? Le "clown" qui est le but du poète-narrateur a-t-il déjà été indiqué plus haut, sous une autre forme? Quelle émotion accompagne la descente du poète (lignes 26-27)? L'"infini-esprit sous-jacent" a-t-il déjà été annoncé plus haut? Qu'est-ce que le poète trouvera dans cet état?

Dans l'ensemble du poème, rechercher toutes les mentions de rire, de ridicule, de dérision. Y a-t-il des commentaires sociaux sous-entendus? Quels sentiments dominent dans ce poème?

FRANCIS PONGE

(1899-   )

Ponge est né à Montpellier en 1899. Il n'a jamais cherché le succès, mais a longtemps écrit dans l'obscurité sans chercher à se faire publier. Son premier recueil ne parut qu'en 1942 (*Le Parti pris des choses.*)

L'oeuvre de Ponge est à la fois très accessible et profondément philosophique. En principe, Ponge décrit les objets et médite sur leur essence. Mais il le fait d'une manière qui bouleverse et confond les notions traditionnelles de la littérature. Un de ses recueils s'intitutle *Proêmes* (1948). Est-ce de la prose ou de la poésie? Est-ce que ce sont des essais? des croquis? des réflexions critiques? C'est tout cela à la fois. Ponge s'efforce, en écrivant, de s'approcher de "la chose totale." Il ajoute: "chacune des expressions que je profère n'est qu'une tentative, qu'une approximation, qu'une ébauche."

Sartre l'a appelé "le poète de l'existentialisme." D'autres ont vu en lui un précurseur du "Nouveau roman", un des maîtres de l'"école du Regard." Mais les écrits que nous donne Ponge n'ont ni la pesanteur ni le nihilisme de l'existentialisme, ni la neutralité froide des écrivains "chosistes." Ils sont au contraire chargés de tendresse, de beauté et de charme. Nous sentons l'émotion de l'écrivain en présence des objets, son effort pour percer leur mystère. Par ce que l'on a appelé "une sorte d'alchimie du langage," Ponge tente de faire parler les choses.

Parmi ses oeuvres principales, citons encore: *Dix courts sur la méthode* (1947); *La Crevette dans tous ses états* (1948); *Le Grand recueil* (1961) et *Le Savon* (1967).

L'ALLUMETTE

Le feu faisait un corps à l'allumette.
Un corps vivant, avec ses gestes,
son exaltation, sa courte histoire.
Les gaz émanés d'elle flambaient,
5 lui donnaient ailes et robes, un corps même:
une forme mouvante,
émouvante.

Ce fut rapide.

La tête seulement a pouvoir de s'enflammer, au
10 contact d'une réalité dure,
   —et l'on entend alors comme le pistolet du starter.
      Mais, dès qu'elle a pris,
      la flamme
   —en droite ligne, vite et la voile penchée comme un
15 bateau de régate —
      parcourt tout le petit bout de bois,

      Qu'à peine a-t-elle viré de bord*   *tourné sur elle-même
      finalement elle laisse
      aussi noir qu'un curé.*   *prêtre d'une paroisse

(1932)
(*Le Grande recueil,* 1961)
©Editions Gallimard

199

FEU ET CENDRES

Feu agile, cendres inertes. Feu grimaçant,
cendres sereines. Feu simiesque,* cendres félines. Feu
qui grimpe de branche en branche, cendres qui
descendent et s'amoncellent. Feu qui s'élève, cendres
5 qui se tassent. Feu brillant, cendres mates. Feu
sifflant, cendres muettes. Feu chaud, cendres froides.
Feu contagieux, cendres préservatrices. Feu rouge,
cendres grises. Feu coupable, cendres victimes. Feu
grégeois,* cendres sabines.** Feu vainqueur, cendres
10 vaincues. Feu craint, cendres plaintes. Feu hardi,
cendres facilement dispersées. Feu indomptable,
cendres qu'on peut balayer. Feu gamin, cendres
sérieuses. Feu animal, cendres minérales. Feu irri-
table, cendres intimidables. Feu démolisseur, cendres
15 maçonnes. Feu rouge et cendres grises toujours rap-
prochés: l'un des étendards favoris de la nature.

(1935)
(*Le Grand recueil*, 1961)
©Editions Gallimard

*qui ressemble au
singe

*composition chimique que
les Grecs, employaient
pour enflammer les
navires ennemis
**Les Sabins: ancienne
tribu vaincue par les
Romains

LES OMBELLES*

*"Umbel", flat-topped,
umbrella-shaped plant

Les ombelles ne font pas d'ombre, mais de
l'ombe: c'est plus doux.

Le soleil les attire et le vent les balance.
Leur tige est longue et sans raideur. Mais elles
5 tiennent bien en place et sont fidèles à leur talus.*

*"slope, embankment"

Comme d'une broderie* à la main, l'on ne

*"embroidery"

peut dire que leurs fleurs soient tout à fait blan-
ches, mais elles les portent aussi haut et les étalent
aussi largement que le permet la grâce de leur
10 tige.

Il en résulte vers le quinze août, une décoration
des bords de routes, sans beaucoup de couleurs,
à tout petits motifs, d'une coquetterie discrète
et minutieuse, qui se fait remarquer des femmes.
15 Il en résulte aussi de minuscules chardons,*

*"thistles"

car elles n'oublient aucunement leur devoir.

(1935)

(*Le Grand recueil*, 1961)

©Editions Gallimard

PLAT DE POISSONS FRITS

Goût, vue, ouïe, odorat... c'est instantané:
Lorsque le poisson de mer cuit à l'huile
s'entr'ouvre, un jour de soleil sur la nappe, et que les
grandes épées qu'il comporte sont prêtes à joncher* le   *"to strew, to litter"
5 sol, que la peau se détache comme la pellicule impres-
sionnable parfois de la plaque exagérément révélée
(mais tout ici est beaucoup plus savoureux*), ou (com-   *"tasty"
ment pourrions-nous dire encore?)... Non, c'est trop
bon! Ça fait comme une boulette élastique, un caramel
10 de peau de poisson bien grillée au fond de la poêle*...   *"frying pan"

Goût, vue, ouïes, odaurades*: cet instant   * pun on 'odorat' and
safrané*...   'daurade' (sea bream)
                                                       *qui a la couleur et le goût
C'est alors, au moment qu'on s'apprête à   du safran
déguster les filets encore vierges, oui! Sète* alors que   *port sur la Méditerranée
15 la haute fenêtre s'ouvre, que la voilure* claque et   *les voiles ("sails")
que le pont du petit navire penche vertigineusement
sur les flots,
Tandis qu'un petit phare* de vin doré — qui se   *"lighthouse"
tient bien vertical sur la nappe — luit à notre portée.

(1949)

(Le Grand recueil, 1961)

©Editions Gallimard

202

PLAT DE POISSONS FRITS
COMMENTAIRE

Bien plus qu'une description d'un plat, ce texte est un envol de l'imagination à partir d'un sujet for prosaïque. L'auteur entraîne le lecteur de la table à l'océan, au grand large, pour le ramener presque aussitôt à son point de départ. En quelques lignes, le poisson, vulgaire et banal, est devenu le support d'un moment de rêve ensoleillé.

Noter, à la première ligne, que tous les sens (sauf le toucher) contribuent à susciter l'envolée soudaine. Remarquer les deux sens mot "instantané": (1) soudain, et (2) "snapshot".

Lignes 2-10: l'envolée n'est guère précise au début, elle n'est que suggérée ("un jour de soleil sur la nappe.") Commenter la métaphore des épées (l. 4). Etudier la comparaison des lignes 5-6: "comme la pellicule impressionnable parfois de la plaque exagérément révélée" ("as the printed film sometimes separates from an overdeveloped (photographic) plate.") Cette comparaison a-t-elle été annoncée? A quelle ligne? Noter ensuite les hésitations dans l'expression: parenthèses, question, exclamation, point de suspension. (Les mots ne parviennent pas à exprimer ce que perçoit l'imagination: ils ne peuvent que s'en approcher.) Puis vient un franc changement de direction: "Non" (ligne 8).

A la ligne 11, reprise, avec modification, de la première ligne. Commenter ces modifications. L'imagination prend enfin son envol à partir de la ligne 13, et surtout à la ligne 14. Remarquer le "oui!" qui confirme le changement de direction de la ligne 8. Le jeu de mots "C'est alors — Sète alors" sert de tremplin à l'envol. La transition se fait également par le moyen de la fenêtre qui s'ouvre et du rideau (devenu voilure) qui claque.

Le retour à la réalité ("la nappe", qui fait écho à la ligne 3) se fait par la métaphore heureuse du "phare de vin doré". Remarquer enfin le double sens possible — à l'ouïe — des derniers mots, qui peuvent signifier: "lui (le vin), à notre portée" (par contraste au reste de l'envol imaginaire, qui restera inaccessible, hors de portée.)

ROBERT DESNOS

(1900-1945)

Parisien de naissance, Robert Desnos fut journaliste, chroniqueur de radio et scénariste de films. Il participa dès 1919 au développement du mouvement dadaïste puis au groupe surréaliste. Il avait un don exceptionnel pour "l'automatisme verbal", c'est-à-dire la création littéraire improvisée et guidée par le hasard plutôt que par la pensée. Il tenta également des expériences de sommeil hypnotique et d'écriture onirique (basée sur le rêve.)

Il se sépara des surréalistes pour retourner à des formes traditionnelles, observant à nouveau la rime et même l'alexandrin classique.

La poésie de Desnos fourmille d'associations inattendues tant dans les idées que dans les mots. C'est un mélange de réel et de surréel, de naturel et d'insolite, plein de fantaisie et d'humour. Les thèmes de l'apparence et de la réalité, de l'absence et de la présence reviennent souvent dans ses poèmes. Parmi ses oeuvres publiées, citons *La Liberté ou l'Amour* (1927), *Corps et Biens* (1930) et *Fortunes* (1942).

Pendant la deuxième guerre mondiale, Desnos participa à la résistance contre les envahisseurs allemands. Les poèmes de cette époque sont d'une inspiration différente des précédents: le patriotisme et l'amour dominent. Ce sont des oeuvres poignantes où l'on sent l'espoir et l'amour de la vie.

Desnos mourut dans un camp de prisonniers en Tchécoslovaquie.

LES GORGES FROIDES

A la poste d'hier tu télégraphieras
que nous sommes bien morts avec les hirondelles.*   *oiseaux migrateurs
                                                ("swallows")
Facteur triste facteur un cercueil sous ton bras
va-t-en porter ma lettre aux fleurs à tire d'elle.*   * à tire d'aile (rapidement)

5 La boussole* est en os mon cœur tu t'y fieras   *instrument qui indique
                                                 le nord
quelque tibia marque le pôle et les marelles**   **"hopscotch"
pour amputés ont un sinistre aspect d'opéras.
Que pour mon épitaphe un dieu taille ses grêles*!   *lames d'acier.

C'est ce soir que je meurs ma chère Tombe-Issoire.*   *nom d'une rue de Paris
10 Ton regard le plus beau ne fut qu'un accessoire
de la machinerie étrange du bonjour:

Adieu! je vous aimai sans scrupule et sans ruse,
ma Folie-Méricourt* ma silencieuse intruse.   *nom d'une rue de Paris
Boussole à flèche torse* annonce le retour.   *tordue, "crooked"

                 (*C'est les bottes de sept lieues cette
                        phrase: "Je me vois",* 1926)
                            ©Editions Gallimard

LES GORGES FROIDES
COMMENTAIRE

"Expliquer" ou faire comprendre un poème surréaliste, qui par définition ne suit pas les règles de la logique, est naturellement un exercice assez futile. On doit se contenter d'y chercher des images, des idées et des émotions suscitées par une esthétique qui va à l'encontre des conventions.

Au premier abord il s'agit ici d'un sonnet à forme classique, mais il ne faut pas se laisser mystifier. Le titre, d'abord, est un jeu sur l'expression "faire des gorges chaudes" (se moquer ouvertement.) Il signifie donc qu'il y a ici de l'humour caché.

Premier quatrain: Noter la contradiction temporelle: le verbe "télégraphieras" au futur, juxtaposé à "hier". Même la notion du temps logique n'est donc pas respectée. De même le langage conventionnel est bouleversé: la locution "à tire d'aile" (en battant les ailes vigoureusement) acquiert une orthographe et une connotation nouvelles.

Remarquer que c'est aux fleurs que la triste nouvelle est destinée. Malgré le contenu lugubre le ton reste léger.

Deuxième quatrain: Pour qui est la boussole faite d'os humain? Un facteur n'en aurait pas besoin! La marelle jouée par des amputés (qui ont perdu leurs tibias?) est une impossibilité absurde, cruelle même, mais comparée ici à un opéra, forme dramatique très éloignée de la réalité. "Taille ses grêles" (sharpens his chisels), c'est-à-dire "se prépare", est une autre idée saugrenue: ce n'est pas un dieu qui graverait l'épitaphe d'un homme!

L'inattendu s'ajoute au bizarre. Le ton de la strophe est devenu franchement absurde.

Les tercets: Les "fleurs" du vers 4 sont deux rues de Paris, traitées en femmes — ou deux femmes au nom de rues, ou encore deux femmes qui habitent ces rues. Le message d'adieu du poète n'est guère flatteur: le beau regard est réduit à un accessoire mécanique. Au dernier vers reparaît la boussole du vers 5. Mais elle est maintenant déformée, transformée en instrument qui prédit le retour — de qui?

Le ton désinvolte, incompatible avec le contenu sinistre du texte, continue jusqu'au bout, et le lecteur reste mystifié par le dernier mot.

POÈME À LA MYSTÉRIEUSE

J'ai tant rêve de toi
que tu perds ta réalité
Est-il encore temps d'atteindre ce corps vivant et de
      baiser sur cette bouche la naissance de la voix qui
5   m'est chère.
J'ai tant rêvé de toi
que mes bras habitués en étreignant* ton ombre à   *serrant
      se croiser sur ma poitrine ne se plieraient pas
      au contour de ton corps peut-être.
10 Et que, devant l'apparence réelle de ce qui me hante
      et me gouverne depuis des jours et des années
Je deviendrais une ombre sans doute,
O balances* sentimentales.   *"scales"
J'ai tant rêvé de toi qu'il n'est plus temps sans doute
15   que je m'éveille. je dors debout le corps exposé à
      toutes les apparences de la vie et de l'amour et
      toi, la seule qui compte aujourd'hui pour moi, je
      pourrais moins toucher ton front et tes lèvres que
      les premières lèvres et le premier front venu.*   *"any brow at all"
20 J'ai tant rêvé de toi
      tant marché, parlé, couché avec ton fantôme qu'il ne
      me reste plus peut-être, et pourtant, qu'à être
      fantôme parmi les fantômes et plus ombre cent
      fois que l'ombre qui se promène et se promènera
25   allègrement sur le cadran* solaire de ta vie.   *"sundial"

(*Coups et biens*, 1930)
©Editions Gallimard

DEMAIN

Agé de cent mille ans, j'aurais encor la force
De t'attendre, ô demain pressenti par l'espoir.
Le temps, vieillard souffrant de multiples entorses,*   *"sprains"
Peut gémir*: Le matin est neuf, neuf est le soir.   *"groan"

5 Mais depuis trop de mois nous vivons à la veille,
Nous veillons, nous gardons la lumière et le feu,
Nous parlons à voix basse et nous tendons l'oreille
A maint* bruit vite éteint et perdu comme au jeu.   *plusieurs

Or, du fond de la nuit, nous témoignons encore
10 De la splendeur du jour et de tous ses présents.
Si nous ne dormons pas c'est pour guetter* l'aurore   *attendre
Qui prouvera qu'enfin nous vivons au présent.

(*Etat de veille,* 1943)
©Editions Gallimard

LA FOURMI

Une fourmi de dix-huit mètres
Avec un chapeau sur la tête,
Ça n'existe pas, ça n'existe pas.
Une fourmi traînant un char
5 Plein de pingouins et de canards,*   *"ducks"
Ça n'existe pas, ça n'existe pas.
Une fourmi parlant français,
Parlant latin et javanais,
Ça n'existe pas, ça n'existe pas.
10   Eh! Pourquoi pas?

(*Chantefables et
Chantefleurs*, 1944)
©Librairie Grund

LÉOPOLD SÉDAR SENGHOR

(1906-   )

Senghor est probablement le plus connu des poètes franco-phones noirs. Né en 1906 à Joal, au Sénégal, dans une famille commerçante riche, il fit ses études dans les écoles catholiques africaines, puis en France, comme boursier, d'abord au Lycée Louis-le-Grand et ensuite à la Sorbonne. Il devint alors professeur de latin, de grec et de français, mais lorsque la deuxième guerre mondiale commença, il devint soldat. Fait prisonnier, il passa deux ans dans les camps allemands.

En 1945 Senghor fut élu membre de l'Assemblée Nationale. Ce fut le début d'une très longue carrière politique. Il fut successive-ment membre du cabinet (1955-56), maire de la ville de Thiès (Sénégal), puis, à partir de 1960, président du Sénégal. Il se maintint à ce poste jusqu'en 1981.

Malgré les exigences de la vie politique, Senghor n'a jamais cessé d'écrire et de promouvoir l'étude approfondie de la culture africaine. Il est, avec Aimé Césaire, un des fondateurs du mouvement de la Négritude, qu'il définit en 1935 comme "le patrimoine culturel, les valeurs et surtout l'esprit de la civilisation négro-africaine." Senghor est à la fois poète (*Chants d'ombre,* 1945; *Hosties noires,* 1948; *Chants pour Naëtt,* 1949; *Ethiopiques,* 1956; *Nocturnes,* 1961, etc.) et essayiste (*Ce que l'homme noir apporte,* 1939; *Négritude et humanisme,* 1964; *Les Fondements de l'africanité, ou Négritude et arabité,* 1967, etc.) Il fut élu membre de l'Académie française en 1984, le premier noir à recevoir cet honneur.

Fils de l'Afrique, Senghor a cependant été instruit et formé selon les méthodes et les principes français. Il en résulte chez lui une personnalité ambiguë; on a dit de lui qu'il est un "métis culturel." Cette caractéristique le rend particulièrement apte à communiquer aux occidentaux les pensées, les images et les thèmes africains. Un grand nombre des poèmes de Senghor expriment une mélodie tout africaine et, pour être pleinement appréciés, doivent être chantés avec accompagnement d'instruments africains.

JOAL*

*village natal de Senghor

Joal!
Je me rappelle,

Je me rappelle les signares* à l'ombre verte des vérandas
Les signares aux yeux surréels comme un clair de lune sur la grève.*

*dames de la haute société
*plage

5 Je me rappelle les faste* du Couchant**
Où Koumba N'Dofène † voulait faire tailler son manteau royal.

*magnificence, luxe
**soleil qui se couche
† chef traditionnel

Je me rappelle les festins funèbres fumant du sang des troupeaux
  égorgés
Du bruit des querelles, des rhapsodies des griots.*

*poète et musicien ambulant

Je me rappelle les voix païennes rythmant le *Tantum Ergo,**
10 Et les processions et les palmes et les arcs de triomphe.

*(latin) cantique catholique

Je me rappelle la danse des filles nubiles
Les chœurs de lutte — oh! la danse finale des jeunes hommes, buste
Penché élancé, et le pur cri d'amour des femmes
— *Kor Siga!**

*cri d'encouragement

15 Je me rappelle, je me rappelle...
Ma tête rythmant
Quelle marche lasse le long des jours d'Europe où parfois,
Comme un arbre étique,*
Apparaît un jazz orphelin qui sanglote, sanglote, sanglote.

*maigre

(*Chants d'ombre,* 1945)
©Editions du Seuil

JOAL

COMMENTAIRE

Le poète, exilé en Europe, exprime sa nostalgie du pays natal. Noter l'exclamation du premier vers, et le refrain "Je me rappelle..."

Le premier souvenir (v. 3-4) est évidemment une image qui a fort impressionné le poète quand il était enfant. On imagine le petit Senghor jouant sous l'oeil attentif de sa mère et de ses amies (se rappeler que la famille était relativement aisée.) Noter le mélange des souvenirs païens, profondément africains (v. 6-8 et 11-14) et de christainisme (v. 9-10) qui caractérise la double culture du poète. Remarquer comment sont exprimés l'abandon des souvenirs (v. 15) et le dur retour à la réalité présente. Il faut remarquer aussi l'intégration de la culture blanche dans le monde africain (v. 9: *Tantum Ergo*) et de la culture noire dans le monde européen (v. 19: jazz). Commenter toutefois les modifications intervenues dans ces intégrations: le *Tantum Ergo* est rythmé, tandis que le jazz est orphelin.

L'exclamation brève et enthousiaste du premier vers cède la place à une phrase longue et lourde. Que suggère la répétition du dernier verbe?

PRIÈRE AUX MASQUES

Masques! O Masques!
Masque noir masque rouge, vous masques blanc-et-noir
Masques aux quatre points d'où souffle l'Esprit
Je vous salue dans le silence!
5 Et pas toi le dernier, Ancêtre à tête de lion
   Vous gardez ce lieu forclos* à tout rire de femme, à tout sourire qui   *fermé
     se fane*   *"wilts, withers"
   Vous distillez cet air d'éternité où je respire l'air de mes Pères.
   Masques aux visages sans masque, dépouillés de toute fossette*   *dimple
     comme de toute ride
   Qui avez composé ce portrait, ce visage mien penché sur l'autel de
     papier blanc
10 A votre image, écoutez-moi!
   Voici que meurt l'Afrique des empires — c'est l'argonie d'une
     princesse pitoyable
   Et aussi l'Europe à qui nous sommes liés par le nombril.*   *navel
   Fixez vos yeux immuables sur vos enfants que l'on commande
   Qui donnent leur vie comme le pauvre son dernier vêtement.
15 Que nous répondions présents à la renaissance du Monde
   Ansi le levain* qui est nécessaire à la farine** blanche.   *"yeast"
                                                                                        **"flour"
   Car qui apprendrait le rythme au monde défunt des machines et des
     canons?
   Qui pousserait le cri de joie pour réveiller morts et orphelins à
     l'aurore?
   Dites, qui rendrait la mémoire de vie à l'homme aux espoirs éventrés*?   *"disembowled"
20 Ils nous disent les hommes du coton du café de l'huile
   Ils nous disent les hommes de la mort.
   Nous sommes les hommes de la danse, dont les pieds reprennent
     vigueur en frappant le sol dur.

(*Chants d'ombre*, 1945)
©Editions du Seuil

FEMME NOIRE

Femme nue, femme noire
Vêtue de ta couleur qui est vie, de ta forme qui est beauté!
J'ai grandi à ton ombre; la douceur de tes mains bandait mes yeux.
Et voilà qu'au cœur de l'Été et de Midi, je te découvre Terre
    promise, du haut d'un haut col* calciné**
5 Et ta beauté me foudroie en plein cœur, comme l'éclair d'un aigle.

*passage entre les
montagnes
**brûle, très
chaud

Femme nue, femme obscure
Fruit mûr à la chair ferme, sombres extases du vin noir, bouche
    qui fais lyrique ma bouche
Savane aux horizons purs, savane qui frémis aux caresses ferventes
    du Vent d'Est
Tam-tam sculpté, tam-tam tendu qui grondes sous les doigts du
    Vainqueur
10 Ta voix grave de contre-alto est le chant spirituel de l'Aimée.

Femme nue, femme obscure
Huile que ne ride nul souffle, huile calme aux flancs de l'athlète, aux
    flancs des princes du Mali
Gazelle aux attaches célestes, les perles sont étoiles sur la nuit de ta
    peau
Délices des jeux de l'esprit, les reflets de l'or rouge sur ta peau qui
    se moire*
15 A l'ombre de ta chevelure, s'éclaire mon angoisse aux soleils
    prochains de tes yeux.

*qui a des reflets

Femme nue, femme noire
Je chante ta beauté qui passe, forme que je fixe dans l'Éternel,
Avant que le Destin jaloux ne te réduise en cendres pour nourrir les
    racines de la vie.

                           (*Chants d'ombre*, 1945)
                         ©Editions du Seuil

TU AS GARDÉ LONGTEMPS...
(pour khalam)*

*guitare à quatre cordes

Tu as gardé longtemps, longtemps entre tes mains le visage noir du
    guerrier
Comme si l'éclairait déjà quelque crépuscule fatal.
De la colline, j'ai vu le soleil se coucher dans les baies de tes yeux.
Quand reverrai-je mon pays, l'horizon pur de ton visage?
5 Quand m'assiérai-je de nouveau à la table de ton sein sombre?

Est c'est dans la pénombre le nid des doux propos.

Je verrai d'autres cieux et d'autres yeux
Je boirai à la source d'autres bouches plus fraîches que citrons
Je dormirai sous le toit d'autres chevelures à l'abri des orages.
10 Mais chaque année, quand le rhum du Printemps fait flamber la
    mémoire
Je regretterai le pays natal et la pluie de tes yeux sur la soif des
    savanes.

(*Nocturnes*, 1961)
©Edition du Seuil

LÉON DAMAS

(1912-   )

Léon Gontran Damas est né à Cayenne, en Guyane française, dans une famille bourgeoise. Métis de Blanc, de Nègre et d'Indien, il fut éduqué par une mère obsédée des valeurs des Blancs (Voir "Hoquet"). Après une enfance maladive (l'asthme l'obligea à rester presque continuellement alité jusqu'à l'âge de six ans) il fut envoyé faire ses études secondaires à la Martinique, où il fut camarade de classe d'Aimé Césaire. Il poursuivit ensuite ses études à Paris, faisant d'abord du droit, puis des langues orientales et enfin de l'ethnologie. Avec Aimé Césaire et Léopold Senghor (futur poète, homme politique et premier président de la république de Sénégal), il participa à "Légitime Défense", la première revue de littérature nègre de langue française, qui parut en 1932. "Légitime Défense", puis bientôt la revue "L'Etudiant noir", exhortèrent les écrivains noirs à libérer leur style, à "écrire noir" en se faisant "l'écho des haines et des aspirations de leur peuple opprimé".

Le premier recueil de Damas, "Pigments", parut en 1937. Son prestige fut d'autant plus grand qu'il fut saisi et interdit par le gouvernement français effrayé par le ton inflammatoire de certains poèmes qu'il contenait. Après avoir combattu avec les troupes françaises pendant la deuxième guerre mondiale, Léon Damas fut élu député pour la Guyane à l'Assemblée nationale. Il continua également à écrire, publiant plusieurs autres recueils de poésie, des contes et des essais, tous marqués du même souci d'exprimer sa "négritude", c'est-à-dire sa condition et son destin de Noir. Grand voyageur, très recherché comme conférencier, Léon Damas mène encore une vie active, participant à des missions culturelles pour le gouvernement français et pour l'Unesco.

L'oeuvre poétique de Damas est avant tout non-sophistiquée. Sa sensibilité vive lui fait puissamment ressentir sa condition d'éternel exilé, privé d'une vraie patrie, élevé dans des valeurs étrangères à sa vraie nature. Les thèmes de sa poésie sont la nostalgie de l'Afrique, la révolte contre l'esclavage, le colonialisme et l'opression européenne, la proclamation de la dignité du Nègre, la condamnation du racisme. Son style direct, fait de mots et d'expressions de tous les jours, est parfois assaisonné de quelques expressions créoles et n'est pas exempt d'humour; il est toujours dominé par le rythme obsédant du tam-tam qui bat dans le sang de l'auteur.

216

SOLDE*

*"bargain" et "payment
for services rendered"

J'ai l'impression d'être ridicule
dans leurs souliers dans leur smoking*   *veston de soirée
dans leur plastron* dans leur faux col   *"dickie"
dans leur monocle dans leur melon*   *"derby"

5   J'ai l'impression d'être ridicule
avec mes orteils qui ne sont pas faits pour
transpirer du matin jusqu'au soir qui déshabille
avec l'emmaillotage* qui m'affaiblit les membres   *"swaddling, binding"
et enlève à mon corps sa beauté de cache-sexe*   *bikini

10   J'ai l'impression d'être ridicule
avec mon cou en cheminée d'usine
avec ces maux de tête qui cessent
chaque fois que je salue quelqu'un

J'ai l'impression d'être ridicule
15   dans leurs salons dans leurs manières
dans leurs courbettes* dans leurs formules   *révérences obséquieuses
dans leur multiple besoin de singeries*   *affectations

J'ai l'impression d'être ridicule
avec tout ce qu'ils racontent
20   jusqu'à ce qu'ils vous servent l'après-midi un peu d'eau chaude
et des gâteaux enrhumés*   *(jeu de mots) "au rhum"
et "qui ont un rhume"

J'ai l'impression d'être ridicule
avec les théories qu'ils assaisonnent
au goût de leurs besoins de leurs passions
25   de leurs instincts ouverts la nuit en forme de paillasson.*   *"doormat"

J'ai l'impression d'être ridicule
parmi eux complice parmi eux souteneur*   *"pimp"
parmi eux égorgeur les mains effroyablement rouges
du sang de leur civilisation.

(*Pigments,* 1937)
©Présence Africaine

217

SAVOIR-VIVRE*

On ne bâille pas chez moi comme ils bâillent chez eux
avec la main sur la bouche
je veux bâiller sans tralalas*   *affectation
le corps recroquevillé*   *tordu, plié
5   dans les parfums qui tourmentent la vie
que je me suis faite
de leur museau* de chien d'hiver   *"snout"
de leur soleil qui ne pourrait pas même tiédir
l'eau de coco qui faisait glouglou dans mon ventre au réveil

10   Laissez-moi bâiller la main
là
sur le cœur
à l'obsession de tout ce à quoi j'ai en un jour
tourné le dos.

(*Pigments*, 1937)
©Présence Africaine

SAVOIR VIVRE
COMMENTAIRE

Court poème en langue courante qui exprime un sentiment ressenti du fond du coeur. L'auteur a délibérément évité tout rythme poétique dans ses vers.

Noter l'antithèse entre "chez moi" et "chez eux" au vers 1; apprécier aussi le ton familier, intime, de "on", qui s'oppose à "ils". Qui sont "ils"? Sur quel ton ce mot est-il prononcé? Commenter l'effet inaccoutumé des parfums au vers 5; quels parfums? pourquoi tourmentent-ils le narrateur? Quelle valeur a la métaphore du vers 7? Quel est le ton du vers 8? Apprécier les sonorités du vers 9. Que traduit le temps du verbe au vers 9?

Pourquoi y a-t-il une coupure entre les vers 9 et 10? Que signifie le geste du vers 12?

UN CLOCHARD* M'A DEMANDÉ DIX SOUS

*mendiant vagabond

Moi aussi un beau jour j'ai sorti
mes hardes*
de clochard

*vêtements

Mois aussi avec des yeux qui tendent
5 la main
j'ai soutenu la putain* de misère

*prostituée (ici, utilisé
  comme juron)

Moi aussi
J'ai eu faim dans ce sacré* pays
et j'ai cru pouvoir

*ici, maudit

10 demander dix sous
par pitié pour mon ventre creux

Mois aussi jusqu'au bout de
l'éternité de leurs boulevards
à flics
15 combien de nuits ai-je dû
m'en aller aussi
les yeux creux

Moi aussi j'ai eu faim les yeux creux
et j'ai cru pouvoir
20 demander dix sous
jusqu'au jour où j'en ai eu
marre*
de les voir se gausser*
de mes hardes de clochard
et se régaler
de voir un nègre les yeux ventre creux.

*j'en ai eu assez
*se moquer

(*Pigments*, 1937)
© Présence Africaine

221

UN CLOCHARD M'A DEMANDÉ DIX SOUS
COMMENTAIRE

Petit poème en langage de tous les jours, qui communique un sentiment très puissant, par des moyens délibérément restreints.

Ce qui domine, ce sont les répétitions. "Moi aussi" est repris au début de chaque strophe; quelles sont les autres répétitions, et quel en est l'effet? Noter la longueur croissante des strophes.

A qui s'adresse le poète? L'emploi des mots "moi *aussi*" indique que le poète s'associe à d'autres; qui sont ces autres?

Remarquer l'absence quasi totale de figures littéraires. (La catachrèse du vers 6, étant assez courante, a presque perdu son ton "littéraire".) Mais, au contraire, il y a abondance d'expressions tirées de la langue courante (v. 1, 6, 8, 14, 21-22). Commenter l'effet de ce choix de vocabulaire. Au vers 13, commenter le mot "leurs"; où ce pronom est-il repris?

Dans quel milieu social se trouve-t-on? Quel est le sentiment qui domine ce poème? Comment est-il communiqué? Quel est le mot culminant du poème, et sur quel ton de voix est-il prononcé?

HOQUET

Et j'ai beau avaler sept gorgées d'eau
trois à quatre fois par vingt-quatre heures
me revient mon enfance
dans un hoquet secouant
5 mon instinct
tel le flic le voyou*   *"hoodlum"

Désastre
parlez-moi du désastre
parlez-m'en

10 Ma mère voulant d'un fils très bonnes manières à table
  Les mains sur la table
  le pain ne se coupe pas
  le pain se rompt
  le pain ne se gaspille pas
15   le pain de Dieu
  le pain de la sueur du front de votre Père
  le pain du pain

  Un os se mange avec mesure et discrétion
  un estomac doit être sociable
20   et tout estomac sociable
  se passe de rots*   *"belch"
  une fourchette n'est pas un cure-dents* *"toothpick"
  défense de se moucher
  au su
25   au vu* de tout le monde   *devant, sans se
  et puis tenez-vous droit   cacher
  un nez bien élevé
  ne balaye pas l'assiette

  Et puis et puis
30   et puis a nom du Père
    du Fils
    du Saint-Esprit
  à la fin de chaque repas

  Et puis et puis
35   et puis désastre
parlez-moi du désastre
parlez-m'en
Ma mère voulant d'un fils mémorandum

Si votre leçon d'histoire n'est pas sue
40   vous n'irez pas à la messe
      dimanche
      avec vos effets* des dimanches   *vêtements

      Cet enfant sera la honte de notre nom
      cet enfant sera notre nom de Dieu

45   Taisez-vous
      Vous ai-je ou non dit qu'il vous fallait parler français
      le français de France
      le français du français
      le français français

50 Désastre
    parlez-moi du désastre
    parlez-m'en

    Ma Mère voulant d'un fils
    fils de sa mère

55   Vous n'avez pas salué voisine
      encore vos chaussures de sales
      et que je vous y reprenne dans la rue
      sur l'herbe ou la Savane*   *terrain dépourvu
      à l'ombre du Monument aux Morts   d'arbres
60   à jouer
      à vous ébattre avec Untel*   *"so-and-so"
      avec Untel qui n'a pas reçu le baptême
    Désastre
    parlez-moi du désastre
65 parlez-m'en

    Ma Mère voulant d'un fils très do
              très ré
              très mi
              très fa
70   très sol
              très la
              très si
              très do
              ré-mi-fa
75   sol-la-si
                  do
    Il m'est revenu que vous n'étiez encore pas
    à votre leçon de vi-o-lon
    Un banjo

224

80 vous dites un banjo
comment dites-vous
un banjo
vous dites bien
un banjo
85 Non monsieur
           vous saurez qu'on ne souffre chez nous
ni ban
ni jo
ni gui
90 ni tare
les *mulâtres* ne font pas ça
laissez donc ça aux *nègres*

(*Pigments,* 1937)
©Présence Africaine

HOQUET
COMMENTAIRE

Il s'agit de souvenirs d'enfance, combien différents, cependant, de ceux évoqués par nombre de poètes. Remarquer dès le début l'effort que fait le narrateur ("J'ai beau..."); quel est le but de cet effort? Au vers 6, commenter le choix des termes de la comparaison. Commenter les vers 7-9: en quoi consiste le désastre?

Noter la longue liste de réprimandes (v. 11-28), et apprécier le choix de la forme des verbes: quelle atmosphère est créée par cette suite de verbes à la forme réfléchie? Quel sentiment est communiqué par les répétitions des mots "et puis"? Pourquoi le poète reprend-il, comme un refrain, cette notion de désastre? Apprécier le choix du mot "mémorandum", au vers 38; quel en est le sens? Remarquer la longueur, réduite, cette fois, de la seconde liste de réprimandes. Au vers 49: existe-t-il une langue qui n'est pas le "français français"? Vers 54: que signifie l'expression "un fils fils de sa mère"? Apprécier le choix des réprimandes dans cette troisième série. Comment interpréter cette métaphore des vers 66 à 76? (Le solfège du texte peut s'opposer au rythme du poème). Remarquer le choix des instruments: que symbolise le violon? le banjo? la guitare? Pourquoi la mère parle-t-elle à son fils en utilisant "vous" et "monsieur"? Aux vers 91-92, commenter l'antithèse entre les mots en italiques.

Apprécier la simplicité du vocabulaire et de la syntaxe: c'est de la langue parlée, de la langue du peuple (noter la tournure incorrecte, v. 56). Faire ressortir l'importance du rythme, renforcé par les répétitions et les reprises de certaines constructions; noter l'accélération de ce rythme.

Quels sont les sentiments du poète? Sont-ils dirigés principalement vers sa mère, ou vers autre chose? (Remarquer l'absence de récriminations du fils envers la mère.)

226

AIMÉ CÉSAIRE
(1913-   )

Né à la Martinique, Aimé Césaire fut élevé dans une ambiance francophile où l' "assimiliation au Blanc" était l'idéal des classes moyennes. Après d'excellentes études au lycée de Fort-de-France (où il rencontra Léon Damas) il reçut une bourse pour étudier à la prestigieuse Ecole Normale Supérieure de Paris. Avec Damas et Léopold Sédar Senghor (futur président du Sénégal) il fonda la revue littéraire "L'Etudiant noir". En 1939 il publia "Cahier d'un retour au pays natal", long poème qui allait devenir l'hymne national des Noirs du monde entier et le manifeste de l'anticolonialisme. De retour à la Martinique il fut professeur de lycée tout en continuant à écrire de la poésie. Après la guerre, en 1945, il entra dans la politique: comme député communiste il représenta la Martinique à l'Assemblée Constituante à Paris. Plus tard, de retour à son pays, il fut élu maire de Fort-de-France et rompit avec le communisme.

En dépit des exigences de sa carrière politique, Césaire se maintient depuis longtemps à l'avant-plan de la littérature contemporaine. Ecrivain prolifique, Césaire a écrit nombre d'articles critiques, d'essais politiques et sociaux, et plusieurs tragédies: "Et les chiens se taisaient" (1956), "La Tragédie du Roi Christophe" (1963) et "Une Saison au Congo" (1966) connurent beaucoup de succès. Son adaptation noire de "La Tempête" de Shakespeare parut en 1969. Il est également auteur d'une étude historique sur "Toussaint Louverture" (1960). Ses recueils poétiques sont nombreux; ne citons que les plus connus: "Les armes miraculeuses" (1946), "Soleil cou coupé" (1948), "Ferrements" (1960), "Cadastre" (1961).

Le rôle de Césaire dans le mouvement de la Négritude est majeur. C'est lui qui inventa le mot, qu'il définit ainsi: "La négritude est la simple reconnaissance du fait d'être noir, et l'acceptation de ce fait, de notre destin de noir, de notre histoire et de notre culture." Il s'engagea (dans le sens existentialiste du mot) dans l'action militante pour tenter de renverser "cette mentalité de vaincu" des Antillais, pour leur rendre le sens de la dignité humaine, pour les libérer de leur "peur d'être nègre". Sentant qu'il partageait, lui aussi, cette peur, Césaire, l'insulaire exilé de l'Afrique, dont le génie étouffait dans sa petite île surpeuplée, s'est fait la voix de la conscience nègre et a chanté ses souffrances, ses exigences et sa révolution.

Sa poésie explose comme un volcan où sont mêlées les influences de trois races et de trois continents: l'Afrique, l'Amérique et l'Europe. Il se rattacha d'abord tout naturellement aux surréalistes, qui tentaient de détruire la conception traditionnelle et rationnelle de la littérature. Les surréalistes choquaient, provoquaient; c'est bien ce qu'il faut faire pour bouleverser le *statu quo,* tant littéraire que social. Le surréalisme était déjà en perte de vitesse à l'approche de la deuxième guerre mondiale, mais Aimé Césaire survécut à cette école, car son message va plus loin qu'un simple mouvement littéraire et artistique. Son influence n'a cessé de grandir sur les intellectuels africains.

La poésie de Césaire ne parle pas de lui-même, elle parle de toute la race noire et de ses problèmes. Césaire, que l'on a appelé "conscience de l'homme de race noire", exprime sa révolte contre le Blanc, mais aussi son dépit et sa pitié devant ses frères de race, qu'il veut secouer de leur hébétude et de leur inertie. Son oeuvre est donc un champ de combat. Les poèmes d'amour sont extrêmement rares chez lui; pas de tendresse, même pour les animaux. Car les animaux de Césaire sont inquiétants — des reptiles, des serpents, des monstres. Cette poésie est difficile, hermétique même. L'érudition de Césaire est déroutante, ses énigmes presque insolubles rebutent. Son style est torturé, son vocabulaire si vaste qu'on a besoin de volumineux dictionnaires pour le comprendre. Et il utilise une foule de symboles tout à fait personnels et très subtils, qu'il faut absolument élucider pour pouvoir aborder son oeuvre. Mais ce qui passe irrésistiblement c'est sa fougue, son ampleur, son engagement, sa puissance. Poésie véritablement métisse, "née sous d'autres climats", elle contient un ferment qui transcende toute race et toute nation pour devenir un humanisme universel.

BARBARE

C'est le mot qui me soutient
    et frappe sur ma carcasse de cuivre jaune
    où la lune dévore dans la soupente* de la rouille   *"garret"
    les os barbares
    des lâches bêtes rôdeuses* du mensonge   *"prowling"

    barbare
    du langage sommaire*   *succinct, rudimentaire
    et nos faces belles comme le vrai pouvoir opératoire* *la force vitale
    de la négation

    barbare
    des morts qui circulent dans les veines de la terre
    et viennent se briser parfois la tête contre les murs de nos
        oreilles
    et les cris de révolte jamais entendus
    qui tournent à mesure et à timbres* de musique   *tonalités

    barbare
    l'article unique
    barbare le tapaya*   *type de lézard tropical
    barbare l'amphisbène* blanche   *type de reptile dont
    barbare moi le serpent cracheur   la tête et la queue se
                                               ressemblent
    qui de mes putréfiantes chairs me réveille   *type de lézard tropical
    soudain gekko* volant
    soudain gekko frangé

    et me colle si bien aux lieux mêmes de la force
    qu'il vous faudra pour m'oublier

    jeter aux chiens la chair velue* de vos poitrines.   *couverte de poils

                    (*Soleil cou coupé*, 1948)
                    ©Editions du Seuil

BARBARE

COMMENTAIRE

Rechercher dans un bon dictionnaire le sens et les idées suggérées par le titre du poème. Il s'agit probablement d'un mot que l'auteur a entendu souvent utilisé comme insulte adressée à lui-même et à ses frères de race.

V. 1: comment le poète fait-il sienne l'insulte du titre?

V. 2: la carcasse de cuivre jaune représente le poète. Expliquer cette métaphore.

V. 3: la soupente de la rouille = the rust-eaten garret; beaucoup de cabanes pauvres dans les pays sous-développés sont recouvertes de toits de tôle.

V. 5: la métaphore est incertaine. S'il s'agit de la race noire, comment interpréter les adjectifs "lâches" et "rôdeuses"? De quel mensonge s'agit-il?

V. 6: Pourquoi cette reprise du mot-titre? Sur quel ton est-il prononcé?

V. 8: Commenter le choix de l'adjectif "belles", et la comparaison. Dans quelles circonstances une négation peut-elle être belle?

V. 10: Encore la reprise du mot-clé: quel est l'effet de cette reprise?

V. 11-14: les morts représentent sans doute les frères de race, victimes et défunts. Dans ce cas, pourquoi viennent-ils se briser la tête? Que demandent-ils? Commenter l'expression "les murs de nos oreilles"; il doit s'agir d'oreilles sourdes. Pourquoi ces oreilles sont-elles (ou semblent-elles) sourdes pour les morts?
Quels rites et quelles coutumes noires sont suggérés par le vers 14?

V. 15-22: le poète accentue l'atmosphère menaçante annoncée au vers 13, en introduisant une faune exotique, inquiétante, alarmante par son exotisme même. Ces symboles animaux sont souvent utilisés par Césaire pour exprimer l'énergie vitale et l'agressivité révolutionnaire de la race noire. Commenter le choix de l'adjectif "putréfiantes" au vers 20, et noter l'antithèse entre cet adjectif et le verbe "réveille". Quelles images et quelles idées sont suggérées par ce vers?

V. 23-24: où est le "lieu même de la force"? Commenter l'imprécision voulue; eût-il été préférable de dire "le coeur", ou "l'esprit", ou tel autre mot plus précis? Montrer que l'imprécision elle même contribue à l'ambiance inquiétante.

V. 25: à qui se réfère "vos"? Le chien est encore un symbole fréquent chez Césaire; il représente souvent les blancs oppresseurs.

Cette interprétation convient-elle dans le contexte présent?
Sinon, quelle valeur donner au symbole ici?

Comme souvent chez ce poète, le poème se termine sur un "flash" vers l'avenir. Remarquer le choix du temps du verbe (v. 24); il ne s'agit pas de situation éventuelle, mais de futur certain! Etudier la progression: l'auteur part d'une insulte, qu'il transforme en source d'énergie et de force, pour arriver à une menace inéluctable. Rechercher les étapes de cette progression.

LE COUP DE COUTEAU DU SOLEIL
DANS LE DOS DES VILLES SURPRISES

Et je vis un premier animal
  il avait un corps de crocodile des pattes d'équidé* une tête   *cheval
    de chien mais lorsque je regardai de plus près à la place
    des bubons* c'étaient des cicatrices laissées en des temps   *tumeurs
5   différents par les orages sur un corps longtemps soumis à
    d'obscures épreuves sa tête je l'ai dit était des chiens pelés*   *qui ont perdu
    que l'on voit rôder autour des volcans dans les villes que   leurs poils
    les hommes n'ont pas osé rebâtir et que hantent éternelle-
    ment les âmes des trépassés
10 et je vis un second animal
  il était couché sous un bois de dragonniers* des deux côtés de   *arbres tropicaux
    son museau de chevrotain* comme des moustaches se déta-   *"musk deer"
    chaient deux rostres* enflammés aux pulpes**   *chairs molles
Je vis un troisième animal qui était un ver de terre mais un   *protubérances,
15   vouloir étrange animait la bête d'une longue étroitesse et   parfois munies
    il s'étirait sur le sol perdant et repoussant sans cesse des   d'une bouche
    anneaux qu'on ne lui aurait jamais cru la force de porter
    et qui se poussaient entre eux la vie très vite comme un
    mot de passe très obscène

20 Alors ma parole se déploya dans une clairière de paupières
    sommaires,* velours sur lequel les étoiles les plus filantes   *réduites à leur
    allaitent* leurs ânesses   forme la plus
  le bariolage* sauta livré par les veines d'une géante nocturne   simple
    ô la maison bâtie sur roc la femme glaçon du lit la catas-   *nourrissent de
25   trophe perdue comme une aiguille dans une botte de foin   leur lait
  une pluie d'onyx tomba et de sceaux* brisés sur un monticule**   *mélange
    dont aucun prêtre d'aucune religion n'a jamais cité le nom   de couleurs
    et dont l'effet ne peut se comparer qu'aux coups de fouet   *"seals"
    d'une étoile sur la croupe d'une planète   **petite colline
30 sur la gauche délaissant les étoiles disposer le vever* de leurs   *(ce mot ne
    nombres les nuages ancrer dans nulle mer leurs récifs le   figure pas
    cœur noir blotti dans le cœur de l'orage   dictionnaire)

nous fondîmes* sur demain avec dans nos poches le coup de   *nous nous
    couteau très violent du soleil dans le dos des villes surprises.   précipitâmes

(*Soleil cou coupé*, 1948)
©Editions du Seuil

LE COUP DE COUTEAU. . .

COMMENTAIRE

Ce poème parut dans un recueil dont le titre est inspiré directement d'Apollinaire. (Voir le dernier vers du poème "Zone".) Les images, d'un surréalisme presque hallucinant, créent une atmosphère obsédante qui se termine par une menace à peine voilée. Il faut savoir que la poésie césairienne abonde en symboles très personnels: les phénomènes naturels (volcans, orages, etc.) y sont souvent symboles de la révolution noire qui purifiera la race en la libérant de l'oppression des Blancs; les animaux (surtout les reptiles) y représentent fréquemment l'énergie vitale de l'homme de race noire, ou du poète lui-même; les chiens y figurent comme représentation allégorique de l'oppresseur blanc, etc., etc.

La première partie du poème consiste en une série de visions fantastiques et inquiétantes (lignes 1-19). La deuxième partie raconte l'action qui suit ces apparitions (lignes 20-34.).

Première partie: remarquer l'emploi du verbe "je vis". Remarquer le caractère de ce verbe, qui est moins actif que "je regardai", ou "j'épiai", ou "j'observai". Dans la description du premier animal, si l'on tient compte des symboles expliqués ci-dessus, rechercher le sens général de l'allégorie. Quelles idées sont suggérées par les bubons et les cicatrices? De quelles épreuves obscures pourrait-il s'agir? Qui a subi ces épreuves? Si les hommes n'ont pas osé rebâtir les villes, c'est parce qu'elles sont hantées; par qui? De quels "hommes" s'agit-il?

Comment imaginez-vous le second animal? Noter sa position. Cet animal est-il attirant ou plutôt effrayant? Comment l'auteur communique-t-il l'atmosphère? Noter qu'"enflammés" rappelle certaines caractéristiques du premier animal.

Quelle activité continuelle occupe le troisième animal? Remarquer que cet animal a beaucoup d'énergie; quelle sorte d'énergie? Etant donné le caractère effrayant de ces animaux — et de ce qu'ils symbolisent — expliquer le ton particulièrement troublant (exprimé par les mots "un vouloir étrange", "sans cesse", "la force", "très vite".).

Noter que ces trois animaux restaient proches de la terre; quelles idées cela suggère-t-il peut-être?

Deuxième partie: Les verbes, ici, sont tous actifs: "se déploya", "sauta", "tomba", "nous fondîmes". De même, les images communiquent un ton tout différent: Remarquer, dans ce sens, la douceur du velours (ligne 21), la brillance des étoiles (ligne 21).

Lignes 26-29: une atmosphère de lumière (onyx, étoile, planète) et de changement (sceaux brisés, effet ne peut se comparer que . . .) enveloppée de religion nouvelle. Ligne 33: Qui est le "nous"?

Quand l'attaque, l'assaut-surprise aura-t-il lieu? Pour un lecteur blanc et européen, quelle région de la terre représente le soleil? Pourquoi les villes sont-elles surprises?

"Un coup de couteau dans le dos" est un acte normalement considéré comme traître; une telle interprétation est-elle applicable ici?

DEPUIS AKKAD* DEPUIS ELAM* DEPUIS SUMER*

*Trois villes de la Mésopotamie à l'époque pré-babylonienne

Éveilleur, arracheur,
Souffle souffert, souffle accoureur
Maître des trois chemins, tu as en face de toi un homme qui a
beaucoup marché.
5 Depuis Elam. Depuis Akkad. Depuis Sumer.
Maître des trois chemins, tu as en face de toi un homme qui a
beaucoup porté.
Depuis Elam. Depuis Akkad. Depuis Sumer.
J'ai porté le corps du commandant. J'ai porté le chemin de fer du
10 commandant. J'ai porté la locomotive du commandant, le coton
du commandant. J'ai porté sur ma tête laineuse qui se passe si bien
de coussinet Dieu, la machine, la route — le Dieu du commandant.
Maître des trois chemins, j'ai porté sous le soleil, j'ai porté dans le
brouillard j'ai porté sur les tessons* de braise des fourmis ma-   *débris
15 nians.* J'ai porté le parasol j'ai porté l'explosif j'ai porté le   *insecte tropical
carcan.*   *collier de fer
Depuis Akkad. Depuis Elam. Depuis Sumer.
Maître des trois chemins, Maître des trois rigoles,* plaise que pour   *petites tranchées
une fois — la première depuis Akkad depuis Elam depuis Sumer
20 — le museau* plus tanné apparemment que le cal* de mes pieds   *visage (d'un animal)
mais en réalité plus doux que le bec minutieux du corbeau et   *peau durcie
comme drapé des plis amers que me fait ma grise peau d'emprunt
(livrée* que les hommes m'imposent chaque hiver) j'avance à   *uniforme de domestiques
travers les feuilles mortes de mon petit pas sorcier

25 vers là où menace triomphalement l'inépuisable injonction* des   *ordre formel
hommes jetés aux ricanements* noueux de l'ouragan. Depuis   *rires moqueurs
Elam depuis Akkad depuis Sumer.

(*Soleil cou coupé*, 1948)

© Editions du Seuil

DEPUIS AKKAD DEPUIS ELAM DEPUIS SUMER

COMMENTAIRE

Sorte de complainte de ton parfois incantatoire, parfois épique, et à résonances bibliques, ce poème se termine par une menace triomphale qui demeure cependant délibérément imprécise. La répétition des mots du titre confère au poème un ton et une ampleur qui dépassent les limites mêmes de l'histoire humaine. La souffrance, mais aussi l'endurance et la patience du narrateur et de ses frères de race restent indomptables.

lignes 1-4: Commenter les quatre adjectifs qui qualifient le "souffle." Etudier les sonorités des ces lignes. Que représente le "souffle"? (Le souffle de l'histoire? La succession des générations se perdant dans la nuit des temps?) Le "maître des trois chemins" peut être précisément ce souffle qui façonne et entraîne toute l'histoire et toute l'expérience humaine. Que pourraient représenter les "trois chemins"? (Les trois cités du titre? Les trois races humaines?) Noter que le narrateur prend position, se situe (lui-même et ses frères de race) par rapport aux générations et à l'histoire. Commenter le choix du verbe "marcher" (l'auteur aurait pu dire "souffert," "peiné," etc.) Quelles sont les connotations du verbe "marcher"?

lignes 5-8: Commenter le nouveau verbe "porter," ainsi que les répétitions d'expressions déjà utilisées plus haut. Quel ton se fait sentir grâce à ces répétitions?

lignes 9-13: Une suite de phrases simples, mais de longueur croissante, développe les contextes du verbe "j'ai porté". Etudier chaque phrase, en songeant à l'expérience douloureuse et cruelle des Noirs en Afrique (les Blancs se faisaient porter, eux-mêmes, leurs bagages et tous leurs matériaux de construction, par les Noirs). Commenter les expressions "tête laineuse" et "le Dieu du commandant."

lignes 14-18: Remarquer la différence de ponctuation avec la ligne 6. Une nouvelle interprétation peut donc être accordée à l'expression "maître des trois chemins" dans cette phrase. C'est ici le porteur qui est le maître, même quand il porte le carcan. Qu'est-ce que ceci indique sur l'attitude du porteur, du narrateur, de sa race?

lignes 19-26: Noter le mode du verbe "plaise." Remarquer la valeur presque pitoyable de l'expression "pour une fois" — expression rendue encore plus pathétique par les mots "la première depuis..." Remarquer enfin que le verbe qui dépend de "plaise" vient après une longue digression fort complexe ("le museau... chaque hiver".) Quel est l'effet de ce report? Etudier le choix des noms et des adjectifs: museau — tanné mais doux, bec — minutieux, plis — amers, peau — d'emprunt.

Que symbolise le corbeau? Pourquoi son bec est-il minutieux? Comment interpréter l'expression "grise peau d'emprunt" en tenant compte de la parenthèse? Remarquer que "l'hiver" indique que nous ne sommes plus en Afrique!

La description de la marche du narrateur ("mon petit pas sorcier") vient-elle du narrateur lui-même, ou lui aurait-elle été donnée par d'autres? A quoi vous fait penser le mot "sorcier"? (Penser à l'importance des sorciers dans les cultures d'Afrique.)

lignes 27-29: Pourquoi le poète ne précise-t-il pas où est le "là"? Qui sont les "hommes jetés aux ricanements..."? Rapprocher le mot "ouragan" du mot "souffle" du début. Depuis quand l' "injonction" se fait-elle entendre? De quelle injonction pourrait-il s'agir? Caractériser les mots "menace triomphalement"; ne contiennent-ils pas une contradiction interne? Quelle conclusion peut-on tirer sur le "triomphe" des hommes qui ont beaucoup marché et sur le "là" où il a lieu? Noter, d'ailleurs, le temps du verbe "menace".

SOMMATION*

*(1) acte de faire la somme, ⎯
(2)appel, ordre

toute chose plus belle

la chancellerie* du feu
la chancellerie de l'eau

*bureau où l'on garde le sceau
officiel de l'état

une grande culbute de promontoires
5 et d'étoiles
une montagne qui se délite* en

*tombe en poussière

orgie d'îles en arbres chaleureux
les mains froidement calmes du soleil
sur la tête sauvage d'une ville détruite

10 toute chose plus belle toute chose plus belle
et jusqu'au souvenir de ce monde y passe
un tiède blanc galop ouaté* de noir

*"lined with cotton wool"

comme d'un oiseau marin qui s'est oublié en plein vol et
glisse sur le sommeil de ses pattes roses

15 toute chose plus belle en vérité plus belle
ombelle*

*fleur en forme de parasol

et térébelle*

*petit animal marin

la chancellerie de l'air
la chancellerie de l'eau
20 tes yeux un fruit qui brise sa coque sur le coup de minuit
et il n'est plus MINUIT

l'Espace vaincu le Temps vainqueur
moi j'aime le temps le temps est nocturne
et quand l'Espace galope qui me livre
25 le Temps revient qui me délivre
le Temps le Temps
ô claie* sans venaison* qui m'appelle

*"trellis"
*"venison"

intègre
natal
30 solennel

(*Corps perdu*, 1950)
©Editions du Seuil

241

SOMMATION
COMMENTAIRE

Le beauté solennelle est la dominante de ce poème, qui débute par un tableau, un paysage immobile, pour se transformer ensuite en une exaltation, un éloge du Temps "vainqueur." Les sonorités et le ton seront à étudier très attentivement.

Quels sont les sens du titre de l'oeuvre? Après avoir étudié le poème de près, il sera utile de se demander quel sens s'applique le mieux au présent contexte.

V. 1-3: Le poète ne précise pas de quelle "chose" il parle. Noter cependant la mention de deux éléments essentiels de la Nature (le troisième sera introduit plus loin). Quelles idées sont suggérés par le mot "chancellerie"? Etudier les sonorités du mot et de ses composantes.

V. 4-9: De quelle sorte de paysage s'agit-il? Qu'est-ce qui le domine? Comment la lumière et le climat sont-ils mentionnés? Montrer que les deux composantes fondamentales du tableau ont été introduites précédemment. Commenter les mots "orgie," "sauvage," et l'antithèse "chaleureux-froidement." Qu'est-ce qui peut avoir détruit la ville?

V. 10-14: Quels détails ont été ajoutés au tableau? Etudier particulièrement les couleurs. A quel moment du jour sommes-nous? Comment cette heure est-elle suggérée? Qu'est-ce que la comparaison suggère? Quelle atmosphère est suggérée, et par quels mots?

V. 15-21: Quel est l'effet des répétitions? Commenter les mots choisis tant pour leur sens que pour leur sonorité. Noter la reprise et le développement des éléments de la Nature. Au vers 20, des yeux de qui s'agit-il? Pourrait-il s'agir des yeux de l'observateur, du poète lui-même? Commenter la métaphore. Que reste-t-il maintenant du paysage? (Les yeux ne voient plus rien; le fruit a brisé sa coque.) Que suggèrent les mots "et il n'est plus MINUIT" tout de suite après ceux qui les précèdent?

V. 22-27: Le monde de l'Espace a disparu; il ne reste que la dimension temporelle. Pourquoi le poète préfère-t-il le Temps? Dans quel sens est-ce que l'Espace pourrait "livrer" l'auteur? Dans quel sens est-ce que le Temps pourrait le délivrer? Quel sens attribuer à la métaphore du vers 27? (Dans les pays chauds, on conserve les viandes en les séchant sur des claies exposées au soleil.)

V. 28-30: Rechercher au dictionnaire les sens précis des trois adjectifs qui énumèrent les qualités que le poète attribue au Temps (et refuse à l'Espace!)

Etant donné l'ensemble du poème, ainsi que le contexte de la vie et l'oeuvre de Césaire, comment peut-on interpréter cet éloge du Temps? Il est intéressant de comparer ce poème avec les nombreuses oeuvres d'autres poètes qui lamentent le passage du temps (Ronsard, Lamartine, Hugo, etc.)

ANNE HÉBERT
(1916-   )

Née dans une petite ville près de Québec, Anne Hébert passa une enfance heureuse mais fut longtemps malade pendant son adolescence. Après avoir travaillé pour Radio Canada et pour l'Office National du Film, elle est allée vivre en France. Elle garde cependant un contact étroit avec le Québec et y retourne souvent.

Auteur de nouvelles, de romans, de drames et de plusieurs recueils de poésie, Hébert est considérée comme un des plus importants poètes actuels du Canada, et même comme un très grand poète tout court. Sa première oeuvre poétique, intitulée *Songes en équilibre,* parut en 1942. En 1953 elle publia *Tombeau des Rois,* puis en 1960 le recueil *Poèmes.*

Anne Hébert s'exprime dans une langue tout à fait concrète utilisant peu de mots. Les thèmes qui dominent sa poésie sont la solitude et la mort. Elle explore son monde intérieur dans un effort pour exorciser sa solitude. Poésie très réaliste exprimant l'angoisse devant l'existence et l'étouffement de l'auteur, enfermée, suffoquée par la famille qui l'entoure et la société dans laquelle elle vit. Un changement se manisfeste cependant dans les poèmes publiés à partir de 1960. On y distingue une exaltation sereine de la poésie et de l'humanité tout entière.

LA CHAMBRE DE BOIS

Miel du temps
Sur les murs luisants
Plafond d'or
Fleurs des nœuds
5   cœurs fantasques du bois

Chambre fermée
Coffre clair où s'enroule mon enfance
Comme un collier désenfilé.*   *"unstrung"

Je dors sur des feuilles apprivoisées
10 L'odeur des pins est une vieille servante aveugle
Le chant de l'eau frappe à ma tempe*   *côté de la tête ("temple")
Petite veine bleue rompue
Toute la rivière passe la mémoire.

Je me promème
15 Dans une armoire secrète.₁
La neige, une poignée à peine,
Fleurit sous un globe de verre
Comme une couronne de mariée.
Deux peines légères s'étirent
20 Et rentrent leurs griffes.*   *ongles crochus

Je vais coudre ma robe avec ce fil perdu.
J'ai des souliers bleus
Et des yeux d'enfant
Qui ne sont pas à moi.
25 Il faut bien vivre ici
En cet espace poli.
J'ai des vivres* pour la nuit   *nourriture
Pourvu que je ne me lasse
De ce chant égal de rivière
30 Pourvu que cette servante tremblante
Ne laisse tomber sa charge d'odeurs
Tout d'un coup
Sans retour.

Il n'y a ni serrure ni clef ici
35 Je suis cernée* de bois ancien.   *encerclée; entourée
J'aime un petit bougeoir* vert.   *"candlestick"

Midi brûle aux carreaux d'argent
La place du monde flambe comme une forge
L'angoisse me fait de l'ombre
40 Je suis nue et toute noire sous un arbre amer.
(*Le Tombeau des Rois*, 1953)
©Editions du Seuil

245

LA CHAMBRE DE BOIS
COMMENTAIRE

La chambre, point de départ concret et réel, est évoquée plutôt que décrite. Entraînée par les sensations (vue, odorat, ouïe) la promenade de la narratrice dans ce lieu clos se transforme bientôt en l'expression profonde, mais sans pathos, de la faiblesse, de l'isolement, de la solitude et de l'angoisse existentielle.

Première partie (V. 1-8): Quelles impressions sont créées par les métaphores "miel", "fleurs" et "coeur"? Noter les couleurs dominantes et la lumière qui contribuent à l'atmosphère. Noter au vers 8 la comparaison basée sur un objet concret, probablement présent dans la chambre. Quelle impression donnent les mots "chambre fermée"?

Deuxième partie (V. 9-13): Dans quelle position est la narratrice? Qu'est-ce qui, dans la première partie, nous a déjà fait deviner cette position? Les "feuilles apprivoisées" (une couche d'aiguilles de pin?) dégagent une odeur "servante". Dans quel sens l'odorat peut-il être serviteur? Au vers 11 s'entend le son de l'eau — élément transitoire, féminin et maternel fréquemment utilisé par Anne Hébert. Ici l'eau active, fait couler les souvenirs. Ces souvenirs sont-ils agréables ou non? Comment peut-on le deviner?

Troisième partie (V. 14-20): L'"armoire secrète" (qui fait écho au vers 6) est une métaphore qui représente quoi? Noter que la promenade s'appuie sur divers objets concrets. De quelle sorte d'objet s'agit-il aux vers 16-17? La comparaison du vers 18 semble être une allusion à quelque chose d'absent dans la vie de la narratrice. La phrase qui suit (v. 19-20) exprime de façon contenue une réaction émotionnelle très forte. Laquelle?

Quatrième partie (V. 21-36): La promenade devient une ébauche d'action — qui ne sera d'ailleurs pas — jamais — exécutée. La robe serait-elle une robe de mariée? (Noter le "fil perdu".) Quel sens donner aux "yeux d'enfant qui ne sont pas à moi"? Quel âge doit avoir la narratrice? Le vers 25 est une résignation à la vie solitaire dans cet espace restreint. Les vers 27 à 33 expriment un espoir. Quel espoir? Si la mémoire ("rivière") et ses supports ("servante tremblante") abandonnaient la narratrice, que lui resterait-il? S'il n'y a ni serrure ni clef, qu'est-ce qui enferme la narratrice? Quel symbolisme peut-on attacher au petit bougeoir aimé?

Cinquième partie (V. 37-40): Le monde extérieur est perçu par la fenêtre mais n'entre pas ici. Quel symbolisme peut-on lire dans les mots "midi", "brûle" et dans la comparaison du vers 38 (lumière, chaleur, vigueur, énergie, amour?) Noter tous les mots à connotation négative dans les deux derniers vers.

Etudier l'emploi des couleurs dans l'ensemble du poème. A quoi s'oppose le noir du vers 40? (Voir surtout les vers 3, 12, 16, 37.)

D'un point de départ réel, le poème nous a entraînés à une vision angoissante du monde intérieur. Il n'y a que la narratrice et des objets. L'absence de toute autre chose accentue l'isolement.

NOS MAINS AU JARDIN

Nous avons eu cette idée
De planter nos mains au jardin

Branches des dix doigts
Petits arbres d'ossements
5 Chère plate-bande.*   *"flower bed"

Tout le jour
Nous avons attendu l'oiseau roux
Et les feuilles fraîches
À nos ongles polis.

10 Nul oiseau
Nul printemps
Ne se sont pris au piège de nos mains coupées.

Pour une seule fleur
Une seule minuscule étoile de couleur

15 Un seul vol d'aile calme
Pour une seule note pure
Répétée trois fois.

Il faudra la saison prochaine
Et nos mains fondues comme l'eau.

(*Le Tombeau des Rois,* 1953)

UNE PETITE MORTE

Une petite morte
 s'est couchée en travers de la porte.

Nous l'avons trouvée au matin, abattue sur notre seuil
Comme un arbre de fougère* plein de gel.   *"fern"

5 Nous n'osons plus sortir depuis qu'elle est là
C'est une enfant blanche dans ses jupes mousseuses
D'où rayonne une étrange nuit laiteuse.

Nous nous efforçons de vivre à l'intérieur
sans faire de bruit
10 Balayer la chambre
Et ranger l'ennui
Laisser les gestes se balancer tout seuls
Au bout d'un fil invisible
À même nos veines ouvertes.

15 Nous menons une vie si minuscule et tranquille
Que pas un de nos mouvements lents
Ne dépasse l'envers de ce miroir limpide
Où cette sœur que nous avons
Se baigne bleue sous la lune
20 Tandis que croît son odeur capiteuse.*   *"heady"

     (*Le Tombeau des Rois,* 1953)
       ©Editions du Seuil

NEIGE

La neige nous met en rêve sur de vaste plaines, sans traces ni couleur

Veille mon cœur, la neige nous met en selle* sur des coursiers** d'écume

5 Sonne l'enfance couronnée, la neige nous sacre en haute mer, plein songe, toutes voiles dehors

La neige nous met en magie, blancheur étale, plumes gonflées où perce l'œil rouge de cet oiseau

Mon cœur; trait de feu sous des palmes de gel file le sang qui
10 s'émerveille.

*"saddle"
**chevaux

(*Mystère de la parole,* 1960)
©Editions du Seuil

GLOSSAIRE

Alexandrin, n.m.: vers de douze syllabes, ayant le plus souvent la césure (coupure) après la sixième syllabe.
Ex.: J'irai par la forêt,/j'irai par la montagne
(Hugo, "Demain, dès l'aube")

Allégorie, n.f.: procédé qui consiste à présenter un objet ou une idée de façon à faire penser à un autre objet ou une autre idée.
Ex. : La faucheuse du poème "Mors" de Hugo est une allégorie de la mort.

Allitération, n.f.: répétition de lettres ou de syllabes dans une phrase.
Ex.: Les souffles de la nuit flottaient sur Galgala
(Hugo, "Booz endormi")

Anacoluthe, n.f.: tournure de phrase dans laquelle on abandonne une construction commencée pour en prendre une autre.
Ex.: Exilé sur le sol au milieu des huées,
Ses ailes de géant l'empêchent de marcher
(Baudelaire, "L'Albatros")

Anaphore, n.f.: répétition du même mot en tête de phrases qui se suivent.
Ex.: Maintenant que mon temps décroît comme un flambeau,
Que mes tâches sont terminées;
Maintenant que voici que je touche au tombeau . . .
(Hugo, "Paroles sur la dune")

Antithèse, n.f.: juxtaposition de deux pensées ou de deux expressions opposées.
Ex.: Tout vous est *aquilon,* tout me semble *zéphyr*
(La Fontaine, "Le Chêne et le Roseau")

Apostrophe, n.f.: figure par laquelle on s'adresse tout à coup à une personne ou même à une chose qu'on personnifie.
Ex.: Tu le connais, lecteur, ce monstre délicat,
—Hypocrite lecteur, — mon semblable, — mon frère!
(Baudelaire, "Au lecteur")

Assonance, n.f.: répétition de la même voyelle (mais pas de la consonne qui la précède ou qui la suit) à la fin de chaque vers.
Ex.: Ils emplissent de leur odeur le hall de la gare Saint-Lazare
Ils ont foi dans leur étoile comme les rois-mages
(Apollinaire, "Zone")

Catachrèse, n.f.: emploi d'un mot dans un sens différent de son sens propre.

Ex.: l'or du soir qui tombe

(Hugo, "Demain, dès l'aube")

Césure, n.f.: repos à l'intérieur d'un vers, après une syllabe accentuée et en harmonie avec le déroulement de la pensée.

Ex.: J'irai par la forêt,//j'irai par la montagne

(Hugo, "Demain, dès l'aube")

Chiasme, n.m.: figure qui consiste à intervertir la deuxième partie d'une structure parallèle.

Ex.: Un roi chantait en bas, en haut mourait un Dieu.

(Hugo, "Booz endormi")

Classicisme, n.m.: (employé surtout par opposition à **romantisme**) nom donné à l'ensemble des caractères propres aux grandes oeuvres littéraires et artistiques du XVIIe siècle. Le classicisme respecte les conventions, la bienséance, le goût, la raison et des règles techniques très strictes. Les grands auteurs classiques sont Corneille, Racine, Molière, etc.

Comparaison, n.f.: figure qui exprime la similitude en utilisant un terme tel que "comme", "tel", "ainsi que".

Ex.: Quand le ciel bas et lourd pèse *comme un couvercle* . . .

(Baudelaire, "Spleen")

Correspondances, n.f.pl.: théorie de Baudelaire selon laquelle chaque élément d'un aspect de l'univers (par exemple, la couleur) correspond à un élément d'un autre aspect (par exemple, la forme) et peut lui servir de symbole. (Voir le sonnet de Baudelaire "Correspondances").

Coupe, n.f.: repos à la fin d'un **groupe rythmique** dans un vers.

Ex.: On ne bâille pas/chez moi/comme ils bâillent/chez eux

(Damas, "Savoir vivre")

Diérèse, n.f.: division de deux voyelles consécutives en deux syllabes.

Ex.: On n'est pas séri/eux quand on a dix-sept ans.

(Rimbaud, "Roman")

Élégie, n.f.: poème méditatif d'un ton mélancolique et tendre.

Ex.: "Le Pont Mirabeau" de Guillaume Apollinaire.

Enjambement, n.m.: rejet au vers suivant d'un ou plusieurs mots qui complètent le sens du premier.

Ex.: Il dort dans le soleil, la main sur sa poitrine
Tranquille. . . .

(Rimbaud, "Le Dormeur du val")

Fond, n.m.: l'idée, le thème, le sens, l'essentiel, le contenu (par opposition à la **forme**).

Forme, n.f.: manière extérieure dont une oeuvre est constituée et organisée (structure, vocabulaire, rythme, rimes, sonorités, figures de style, etc.) (par opposition au **fond**).

Groupe rythmique, n.m.: série de syllabes prononcées comme si elles formaient un seul mot, et se terminant par une **coupe.** En principe, un **groupe rythmique** exprime une seule idée.

> *Ex.:* On ne bâille pas/chez moi/comme ils bâillent/chez eux. . .
>
> (Damas, "Savoir vivre")

Hémistiche, n.m.: moitié d'un vers, coupé par la **césure.**

> *Ex.:* J'irai par la forêt/ . . .
>
> (Hugo, "Demain, dès l'aube")

Hyperbole, n.f.: figure qui consiste à exagérer pour impressionner.

> *Ex.:* Manger l'herbe d'autrui! Quel *crime abominable!*
>
> (La Fontaine, "Les Animaux malades de la peste")

Litote, n.f.: figure qui consiste à dire moins pour faire entendre plus. L'opposé de l'hyperbole.

> *Ex.:* Les parfums ne font pas frissonner sa narine
>
> (Rimbaud, "Le Dormeur du val")

Lyrisme, n.m.: caractère de la poésie qui exprime des émotions, des sentiments intimes de l'auteur lui-même.

> *Ex.:* "Demain, dès l'aube" est un poème lyrique; "Booz endormi" n'en est pas un.

Métaphore, n.f.: figure qui exprime la similitude sans utiliser de termes tels que "comme", "tel", "ainsi que". Comparaison sous-entendue.

> *Ex.:* La Nature est un temple. . .
>
> (Baudelaire, "Correspondances")

Métonymie, n.f.: figure par laquelle on exprime une chose par un mot qui en désigne un autre; par exemple: la cause pour l'effet, la partie pour le tout, le contenant pour le contenu, le concret pour l'abstrait, etc.

> *Ex.: Les diadèmes* vont sur ma tête pleuvant
> (diadème = marque de royauté)
>
> (La Fontaine, "La Laitière et le Pot au Lait")

Négritude, n.f.: (mot inventé par Aimé Césaire en 1939) La conception qu'ont les Négro-Africains du monde, de la vie, de la nature. L'acceptation du fait d'être Noir.

Octosyllabe, adj.: qui a huit syllabes.

> *Ex.:* Hélas! ne suis-je aussi qu'une onde?
>
> (Hugo, "Paroles sur la dune")

Onomatopée, n.f.: mot ou mots dont le son imite la chose qu'ils signifient.

> *Ex.:* bise (vent froid qui souffle en hiver); tic tac; glouglou

Oxymoron, n.m.: figure qui consiste à juxtaposer des termes contradictoires. Paradoxe compact.

> *Ex.:* . . . comme le soleil dans son *enfer polaire*
> (Baudelaire, "Chant d'automne")

Parnasse, n.m.: nom donné à un groupe de poètes (Théophile Gautier, Leconte de Lisle, Sully-Prudhomme, etc.) qui, après 1860, étaient en réaction contre les **romantiques.** Ils écrivaient une poésie objective, impersonnelle et restreinte, consistant surtout en descriptions de la nature et en idées philosophiques assez pessimistes. Ils recherchaient la perfection de la forme, rejetant les innovations techniques des romantiques.

Période, n.f.: longue phrase composée de plusieurs propositions, dont la réunion forme un sens complet et équilibré.

> *Ex.:* Les vers 1 à 12 de "Paroles sur la dune", de Victor Hugo.

Périphrase, n.f.: figure qui consiste à dire en plusieurs mots ce que l'on aurait pu dire en un seul. Circonlocution.

> *Ex.: Ce voyageur ailé*, comme il est gauche et veule
> (Baudelaire, "L'Albatros)

Personnification, n.f.: figure qui consiste à représenter une chose abstraite ou inanimée sous les traits d'une personne.

> *Ex.: Le Destin* charmé suit tes jupons comme un chien
> (Baudelaire, "Hymne à la beauté)

Poésie, n.f.: oeuvre littéraire (généralement, mais pas toujours, associée à la versification) visant à exprimer ou à suggérer quelque chose au moyen de mots, de rythme; l'harmonie et l'image ont autant et parfois plus d'importance que le contenu intelligible lui-même.

Prose, n.f.: expression écrite ou orale qui n'est pas soumise aux règles de la versification.

Prosopopée, n.f.: figure qui consiste à faire parler un objet inanimé, un absent, un mort, une chose personnifiée.

> *Ex.:* La Fontaine utilise la prosopopée dans ses fables.

Quatrain, n.m.: strophe de quatre vers.

Rejet, n.m.: partie de l'**enjambement** qui est reportée au vers suivant.

> *Ex.:* Et, dès lors, je me suis baigné dans le Poème
> *De la Mer,* .. .
>
> (Rimbaud, "Le Bateau ivre")

Rime, n.f.: retour du même son à la fin de deux ou plusieurs vers.

    Rimes croisées: rimes qui suivent le schéma a b a b

    Rimes embrassées: rimes qui suivent le schéma a b b a

    Rimes féminines: rimes qui se terminent par un "e" muet

    Rimes faibles: rimes basées sur l'identité de la voyelle finale seulement.

    Ex.: soldats — bras; surpris — suivi

    Rimes masculines: rimes qui ne se terminent pas par un "e" muet

    Rimes plates: rimes qui suivent le schéma a a b b, etc.

    Rimes riches: rimes basées sur l'identité de la voyelle finale et d'au moins *deux autres* éléments sonores.

    Ex.: morne — borne; terre — héréditaire

    Rimes suffisantes: rimes basées sur l'identité de la voyelle finale et d'*un seul* autre élément sonore.

    Ex.: mort — sort; moi — toi

Romantisme, n.m.: nom donné au mouvement qui apparaît dans la littérature française vers le début du dix-neuvième siècle. En réaction contre la régularité du **classicisme** et le rationalisme philosophique des siècles précédents, le **romantisme** préconisait "la liberté dans l'art", l'assouplissement du vers (sans toutefois abandonner les principales règles de la versification). Les poètes romantiques exprimaient leurs émotions personnelles et leur contrepartie dans la nature. (Noter que le Romantisme français ne correspond pas entièrement au "Romanticism" anglais!) Les principaux poètes romantiques sont Victor Hugo, Alphonse de Lamartine, Alfred de Musset, Alfred de Vigny.

Rythme, n.m.: mouvement général du vers, de la strophe, du poème, qui résulte de la longueur relative des membres de la phrase, des rejets, des déplacements d'accents, etc. (Voir chapitre sur "La Versification française".)

Sonnet, n.m.: poème de quatorze vers de même mesure, partagés en deux **quatrains** et deux **tercets**. Le schéma des rimes est normalement comme suit: a b b a a b b a c c d e e d (ou e d e); mais les exceptions sont nombreuses.

Strophe, n.f.: ensemble de plusieurs vers formant une division d'un poème.

Surréalisme, n.m.: mouvement littéraire né vers 1920, qui rejette toutes les constructions logiques de l'esprit et utilise les forces psychiques (rêve, subconscient, phénomènes d'automatisme, etc.) libérées du contrôle de la raison et de tous principes esthétiques et moraux. Les surréalistes proclamaient la suprématie de l'image aux dépens de la signification logique. Les principaux poètes surréalistes furent André Breton, Paul Eluard, Louis Aragon.

Symbole, n.m.: objet ou image qui évoque ou désigne quelque chose qui n'est pas explicitement mentionné.

Ex.: L'albatros du poème de Baudelaire est le symbole du poète.

Symbolisme, n.m.: mouvement littéraire né vers 1885, en réaction contre le **Parnasse.** Les symbolistes, recherchaient la "fluidité" dans la poésie; la poésie devait évoquer plutôt que décrire. Les impressions, les intuitions, les sensations devaient dominer. Les principaux poètes symbolistes sont Stéphane Mallarmé, Arthur Rimbaud, Paul Verlaine.

Synecdoche ou **synecdoque,** n.f.: synonyme de **métonymie.**

Tercet, n.m.: strophe de trois vers.

Vers, n.m.: ligne d'un poème. Assemblage de mots rythmés d'après le nombre de syllabes.

Vers libre: vers qui ne respecte pas les règles traditionnelles de la rime et du compte des syllabes.

Ex.: Les poèmes de Léon Damas sont écrits en vers libres.

Versification, n.f.: ensemble des règles à suivre pour écrire en vers.